UNE OFFRANDE
DE NOUS-MÊME

Mâ Sûryânanda Lakshmî
(Noutte Genton-Sunier)

UNE OFFRANDE DE NOUS-MÊME

recueil

TERRE DU CIEL

Collection « *rebelle* »

dirigée par

Evelyne et Alain Chevillat

BP 2050 - 13 rue Henri IV
69227 Lyon cedex 02

ISBN 2-908933-06-3

avant - propos

« Hommes, frères, ayez confiance en vous-mêmes ; Dieu est en vous ! »

La parole admirable de Swâmi Vivekânanda, le grand disciple de Shrî Râmakrishna qui fut à l'origine du renouveau de L'Esprit dans le monde entier, au siècle dernier, est la parole que j'adresse à la jeunesse d'aujourd'hui comme d'ailleurs à tous les êtres et à tous les peuples.

« Le royaume de Dieu est au dedans de vous. », affirme également le Christ.

« En avant toujours en avant !
Au bout du tunnel il y a la Lumière.
Au bout du combat il y a la Victoire. »

Shrî Aurobindo

et j'ajoute : « Au bout de l'amour il y a Dieu. »

« Ora et labora », disaient les Latins. Prie et travaille.

C'est cela, simplement, humblement, dans le lieu où chacun de nous se trouve placé, sans chercher à courir partout et sans fin.

De la prière qui recherche Dieu et Sa Sagesse, Sa Sainteté, jaillissent toutes les capacités et toutes les vertus.

Du travail humble et persévérant, joyeux, vient la progression, l'épanouissement de l'être entier, dans tous les domaines, et à tous les niveaux.

De l'égoïsme et de la paresse surgissent le mensonge et la peur, la misère, la souffrance et l'envie.

« Recherchez premièrement le royaume de Dieu et sa Justice », disait Jésus, « et tout le reste vous sera donné par dessus. »

Le reste : le courage de faire face, la confiance pour persévérer, la volonté de progresser, de s'instruire, de grandir, dans tous les domaines, par la Joie, la Lumière et l'Amour de l'Esprit Saint qui nous habite et nous anime, chacun de nous.

Nous sommes l'Eternité.

Nous sommes l'Infini.

Le corps est l'âme. L'âme est le corps. L'un sans l'autre ne serait pas ici-bas. Tout est Un et tout est Dieu, au dedans de nous. Et «la paix qui surpasse toute intelligence», quelles que soient les circonstances de notre parcours ici-bas, ses difficultés et ses peines comme ses joies, est le Don de Dieu à ses serviteurs fidèles.

Seulement, il y faut du temps, beaucoup de temps et de prière, des années, des siècles, des vies... Il suffit de se souvenir d'une seule chose : où l'on est et comme on est, se mettre en route et ne plus jamais s'arrêter. Dans l'amour vrai, le temps ne dure pas, aucun obstacle n'est insurmontable, car effectivement Dieu nous aide.

La progression spirituelle est un art de vivre suprême et total, difficile mais aussi admirable, inégalable. Elle est l'émerveillement de l'amour dans le pas à pas quotidien, le chant de l'âme et sa Lumière dans l'obscurité de nos efforts et de nos doutes. Elle vient de Dieu et elle nous conduit à Lui, notre Origine et notre Fin, dans la perfection de Sa Sainteté :

« Soyez parfaits, comme votre Père céleste est parfait ! »

Dans la vision, j'ai vu Veda[*]
et Veda s'est emparé de moi.
C'est pour cela qu'aujourd'hui
je chante !

Veda a fermé mes yeux et fait pencher ma tête.
Le monde s'est évanoui
et j'étais ce petit enfant que la lumière a emmailloté,
dormant au sein d'un éblouissement merveilleux.

Veda pense tout ce qui est
et l'univers sort de sa bouche
comme le souffle paisible de l'éternité.
En lui tout est parfait.
L'enfant boit sa beauté,
il aspire dans ses narines
l'air léger de son harmonie :
il respire la perfection de la vie
et il la connaît.

Lorsqu'il rouvre les yeux sur le monde
il se souvient de Veda
et il éprouve encore la joie
dans laquelle toute la création est pure.

extrait de *Les Sentiers de l'Ame*

* Connaissance et aussi le Verbe créateur, antérieur à toute manifestation.

A la Lumière des Textes Sacrés

Vous êtes d'origine protestante. Comment avez-vous été amenée à vous intéresser à l'Orient ? Pourquoi cet intérêt pour l'Orient ?

J'avais vingt ans, mon père venait de mourir ; j'étais allée en Italie pendant l'été pour apprendre le français aux enfants d'une famille et parler moi-même l'italien. Alors que je revenais de ce séjour, est entré dans mon compartiment un grand monsieur et nous avons lié conversation. Ce monsieur était Jean Herbert, le traducteur de Shrî Râmakrishna, de Swâmi Vivekânanda, de Shrî Aurobindo, etc. Bien sûr, nous avons parlé de vie spirituelle, c'est venu tout seul. J'ignorais alors jusqu'à l'existence de la sagesse hindoue. J'avais été élevée dans la religion protestante qui ne me satisfaisait pas ; j'avais lu tous les philosophes possibles, de Platon à Bergson, sans trouver ce que je cherchais. Et Jean Herbert m'a dit qu'il m'enverrait des livres. Quelque temps après je suis allée rendre visite à mon ancien directeur de lycée, l'humaniste Louis Meylan, avec qui je parlais de choses spirituelles. Je lui ai raconté ma rencontre avec Jean Herbert. Il connaissait les livres publiés par celui-ci et m'a prêté le *Jnana Yoga* de Swâmi Vivekânanda. J'ai lu ce livre et me suis dit: « Voilà ce que je cherche, voilà ce que j'attends ». Plus tard, Jean Herbert m'a envoyé l'*Enseignement de Shrî Râmakrishna* et je me suis passionnée pour cette lecture. Je n'avais pas beaucoup de temps parce que je faisais encore des études de musique. Mais tous les matins, avant de commencer ma journée, je lisais une ou deux pages de Shrî Râmakrishna. Quand je suis arrivée au chapitre : « Soyez fou de Dieu », je me suis dit : « Je veux moi aussi être folle de Dieu. » Et je l'ai écrit à Jean Herbert qui m'a répondu : « Ne vous inquiétez pas. Du moment que vous le désirez si sincèrement, cela viendra. » Il a continué à m'envoyer des livres à mesure qu'il les traduisait. La guerre est venue. Il m'a chargée alors d'être son intermédiaire entre l'ashram de Pondichéry et lui, puisque les relations étaient coupées entre les deux pays. J'ai donc reçu pendant la guerre le manuscrit de Shrî Aurobindo : *The Secret of the Vedas*.

Je l'ai dévoré, et en lisant les hymnes védiques, je me suis reconnue, je me suis sentie une âme sœur avec ces hymnes. Je suis un être védique essentiellement ; c'est d'ailleurs pourquoi je suis aussi enfoncée dans la vie terrestre, dans la vie cosmique, et en même temps donnée à Dieu. Parce que les

Vedas, c'est cela : la vie terrestre, la vie cosmique qui est divine.

Vous n'avez jamais senti que vous étiez en train de renier le christianisme ?

Pas du tout. Cela ne m'inquiétait pas. Je continuais à réciter le *Notre Père* et je n'ai jamais eu l'impression de m'opposer au Christ en lisant ces textes qui exprimaient la piété, la foi, l'adoration de Dieu. Contrairement à ce qu'on croit, l'Hindou a une notion beaucoup plus intense et juste du Dieu unique que nous les Chrétiens. Il y a des milliers de Dieux en Inde mais tous se ramènent à un seul, l'absolu Brahman, tandis que nous, nous séparons vraiment beaucoup le Père, le Fils et le Saint-Esprit, et la Trinité n'est vraie que pour les saints. C'est sainte Cécile qui a révélé la Trinité au pape Urbain III, c'est elle qui a vécu cette unité des trois. Pour le Chrétien, en général, c'est quand même toujours : Jésus - une personne, le Père - une personne, et puis le Saint-Esprit. Tandis que l'Hindou jette le dieu adoré, la statuette, dans le Gange, parce qu'il sait que l'Absolu, la Vérité est au delà. L'Hindou a une notion beaucoup plus réelle et vécue de l'Unité de Dieu, de l'Unité de la vie et de l'Unité de l'Esprit.

Finalement j'ai été amenée à Genève où j'ai eu ma première vision. J'étais allée, malade, consulter un médecin et, marchant dans la ville, j'étais entrée dans une église où je me suis agenouillée en répétant une prière du Christ : « Seigneur, que Ta volonté soit faite et non la mienne. » Tout en étant avec les textes védiques, les textes hindous, je me répétais la prière du Christ : « Seigneur, que Ta volonté soit faite et non la mienne. » Et c'est là que soudain, le coin de l'église où je me trouvais toute seule s'est rempli d'une lumière éclatante. J'ai vu le Christ, j'ai entendu le Christ me dire : « Va jusqu'au bout de ton expérience hindoue, tu me reviendras après ; ton rôle est d'unir l'Orient et l'Occident. » Et la phrase s'est répétée deux fois. Je me trouvais au pied d'une statue de marbre tout à fait anodine de sainte Thérèse d'Avila que je regardais, et cette statue s'est mise à vivre : elle a eu d'abord un visage excessivement douloureux, et puis, peu à peu, ce visage s'est illuminé pour s'épanouir dans une sérénité parfaite, une sorte d'Aube radieuse. C'était le Christ. Dehors, le ciel était resté noir, bouché, avec de très gros flocons de neige qui tombaient serrés. C'était ma première expérience. Une lumière étincelante dans un coin sombre d'église et le Christ m'apparaissant avec un visage d'abord très douloureux et puis ensuite épanoui dans la Paix totale de l'Unité : « Je suis le Christ, ton rôle est d'unir l'Orient et l'Occident. »

Je suis allée chez le médecin, qui a fait les examens nécessaires et le lendemain, avant d'aller reprendre mon train, je suis retournée à l'église. Je me suis agenouillée à nouveau. J'ai de nouveau répété la prière du Christ : « Que Ta volonté soit faite et non la mienne. » Et la vision est revenue. Je ne demandais pas qu'elle revienne. Je demandais à prier et à comprendre un peu ce qui s'était passé la veille. Alors, quand j'ai revu ce visage tellement douloureux, j'ai demandé intérieurement : qui est ce visage ? Et la réponse est venue : « Tu es ce visage. Tu souffriras beaucoup, mais tu t'épanouiras dans la sérénité de la lumière, exactement comme ce visage. » Et la phrase est revenue : « Je suis le Christ, va jusqu'au bout de ton expérience hindoue, tu me reviendras après, ton rôle est d'unir l'Orient et l'Occident. » Autrement dit de démontrer aux hommes que la religion est Une, que la vie spirituelle est Une et qu'il n'y a pas lieu d'opposer un credo à un autre. Ils sont des béquilles, comme dit Mâ Ananda Moyî, qui nous aident à aller jusqu'à un certain niveau. Après quoi il faut les abandonner pour aller plus loin, plus haut, où l'on trouve Dieu. Je suis rentrée chez moi, faible, avec le conseil du médecin : trois mois de repos. Alors, j'ai tout de suite compris que c'était Dieu qui me donnait ces trois mois pour faire un peu le travail que j'avais à faire. Je n'ai pas autrement réfléchi à la parole du Christ, mais je l'ai enfouie dans mon coeur et j'ai attendu sans y toucher. A la maison je n'ai rien raconté. Entre temps, j'avais écrit à Shrî Aurobindo pour lui demander s'il acceptait d'être mon maître.

Je suis donc allée dans un petit endroit, Corbeyrier, au-dessus d'Aigle. J'ai donné mon fils à ma mère, il avait un an, et mon mari s'est débrouillé à Vissoie, tout seul. Dès le premier jour j'ai médité durant des heures et des heures. Finalement j'ai médité seize heures par jour, et j'ai su plus tard que c'était le temps de méditation qu'on impose aux *Râja yogins*, ceux qui recherchent l'accomplissement intérieur, la Voie Royale. Cela commençait le matin, à quatre heures. Je me réveillais avec un *mantra* sanscrit dans la tête alors que je ne connaissais pas le sanscrit - je savais que c'était Shrî Aurobindo qui me l'envoyait - et je méditais quatre à cinq heures, immobile sur mon lit, toujours très loin de toute conscience humaine. Puis je me levais et tout en m'habillant et en déjeunant je faisais du *japa* ; je récitais « Mon Seigneur et mon Dieu » ou bien « *Aum Shrî Râm* », ou une des paroles sanscrites que j'avais reçues. J'ai eu là mes premières visions divines dont j'ai parlé dans mon *Journal Spirituel*. J'allais me promener et je chantais tout le temps « *Hare Krishna* » ou « *Shrî Râm* ». Et les gens que je rencontrais étaient Dieu pour moi, étaient Krishna ; je ne voyais plus que Krishna dans les petits paysans que je rencontrais, avec leurs vaches, sur le chemin. Après le repas, je recommençais à méditer. De là-bas j'ai téléphoné à Jean Herbert pour lui demander de m'envoyer le *Râja Yoga* de Swâmi Vivekânanda, avec les *Aphorismes* de Patanjali. J'ai lu ces aphorismes jour après jour, et entre deux lectures je méditais. J'ai ainsi gravi les différents échelons et suis parvenue au *nirvikalpa samâdhi* au cours de ces trois mois. Pendant tout ce temps je n'ai pas pris un seul médicament et quand je suis rentrée, ma santé était bonne. J'avais acquis la faculté de méditer n'importe où, n'importe quand, n'importe comment. Si bien que je méditais la nuit, je méditais en travaillant, je méditais en faisant mes courses, je méditais dans les trains, partout, dans les magasins. J'avais acquis la faculté de me concentrer, d'être en Dieu, et de faire ce que j'avais à faire simultanément. Pendant deux ans j'ai vécu en extase, en méditation, en *samâdhi* tout le temps et tout en faisant mon travail. En vérité c'est Dieu qui l'a fait, ce n'est pas moi. Comme le répètent tous les saints, tous les sages : « C'est Dieu seul qui a tout fait. » Au bout de deux ans cette faculté de méditer tout le temps, partout, a disparu. J'avais eu un autre bébé.

J'ai vécu ainsi pendant dix-sept ans totalement hindoue, rencontrant les Dieux de l'Inde, connaissant leurs attributs, vivant avec eux, recevant leur enseignement. Et puis un jour, c'était durant l'hiver 1965, nous étions à la montagne avec les enfants, tout près de l'endroit où j'avais eu mes premières visions en 1948. Les enfants étaient partis faire du ski avec leur père, j'étais seule à la maison, et là tout d'un coup, j'ai su que le moment était venu de reprendre la Bible. Je n'avais jamais senti que le Christ était absent de ma vie, au contraire. Et à ce moment-là, je savais que la sagesse de l'Inde et le christianisme étaient devenus en moi un seul et même corps, une seule et même vie. Concrètement.

Spirituellement bien sûr. Mais concrètement aussi. Quand j'ai donné plus tard des cours sur le thème : « Foi chrétienne et Spiritualité hindoue », ce titre a un peu choqué au début. Mais depuis vingt-quatre ans qu'il se promène partout, il a fait son chemin et il est devenu comme une articulation de la pensée dans le monde.

Je supposais que ce serait les Évangiles qui m'attireraient, mais c'est l'Apocalypse qui s'est imposée. Dans l'année qui suivit, j'ai écrit deux mille cinq cents pages où j'ai expliqué l'Apocalypse mot à mot sans en sauter un seul, du premier chapitre à la fin du vingt-deuxième et ce fut pour moi-même une révélation totale : **Le Message immortel de l'Apocalypse** ou **la Révélation de Dieu en l'homme**, n'importe quand, en tout siècle; et c'est aussi le cheminement du yoga. C'est grâce à ma vie hindoue, grâce à mes méditations, mes extases, mes *samâdhis*, que j'ai pu comprendre la Bible du haut de l'Esprit. J'ai écrit une *Exégèse spirituelle de la Bible*, et non plus, comme on le fait, une analyse intellectuelle. Dans la Bible, d'un bout à l'autre, que ce soient l'Ancien ou le Nouveau Testament, je ne vois que Dieu à chaque page, à chaque mot. L'Eternel qui vient pour nous instruire. Et maintenant, lorsque je parle en public, que de fois l'on me dit : « On n'a jamais entendu la Bible expliquée de cette manière. Vous nous rendez la Bible, vous nous rendez le Christ. » Les Hindous qui m'entendent parler des hymnes védiques me disent : « Vous nous rendez notre vraie sagesse hindoue. » J'ai toujours vécu les choses avant de les lire. Par exemple, le livre *Spiritualité hindoue* de Jean Herbert, qui est extrêmement important et intéressant, je l'ai lu après coup et j'ai retrouvé là quantité de choses que j'avais vécues. Le symbole de Brahma est l'œuf et je l'ai vu. La vie spirituelle est un **fait**. C'est pour cela que la vie matérielle est plus proche de l'Esprit que le mental. C'est pourquoi aussi les textes sacrés sont très concrets. La Bible est très concrète, la Bhagavad Gîtâ est très concrète, les hymnes védiques sont très concrets. Le concret est le reflet de l'Esprit sans mensonge. Le mental, lui, est la plaque tournante qui reçoit toutes les indications des trois plans inférieurs de la conscience et de la vie et aussi les informations des plans supérieurs ; il doit les accomplir dans la piété afin que l'être entier puisse monter à Dieu. Le rôle du mental est d'être fidèle à Dieu. L'ego, c'est-à-dire le moi mental, a été créé par Dieu pour être la mémoire des textes, l'étude des textes qui, à un moment donné, se dépassent pour s'élever plus haut et entrer dans l'intuition, puis dans la compréhension supérieure, le supra-mental comme dit Shrî Aurobindo et, finalement, dans la contemplation, l'adoration qui est le sommet de l'intelligence. Le sommet de la compréhension, c'est l'adoration. Le mental progresse par l'émerveillement et l'amour. On peut s'émerveiller devant un texte, l'aimer et donc le comprendre. Comme me l'a dit l'une de mes plus anciennes auditrices: « Mâ, quel amour il vous a fallu pour comprendre l'Apocalypse comme vous le faites ! » C'est vrai. Et je m'émerveille à chaque fois. C'est la révélation de Dieu en l'homme. Vous le voyez, tout en parlant, je vous démontre comment le Christianisme et l'Hindouisme étaient mêlés à l'origine en moi et sont devenus vraiment une seule et même vie, une seule et même conscience, un seul et même être, absolument indivisible. Le Christ **est** la Mère Divine, la puissance créatrice de l'Absolu, la première-née de l'univers qui se met Elle-même dans Sa création et dans les êtres, comme le Christ est le premier-né, le Créateur, qui se met Lui-même dans Sa création. Il dit : « Ma vie est votre vie, mon corps est votre corps. » Le Christ et la Mère divine, c'est exactement la même chose, les deux pôles qui sont Un. Chacun de nous passe par la Mère divine ou par le Christ pour descendre dans l'incarnation, et repasse par eux, par l'amour de Jésus et de la Mère divine, pour remonter dans l'Absolu. Ils sont la porte et Jésus le dit : « Je suis la porte. » Aditi, l'indifférenciée, est la Mère à son sommet, le premier passage qui permet d'entrer dans l'incarnation et le dernier passage qui nous réenfante à l'Absolu. Par l'amour du Christ on connaît l'Absolu et par l'amour de la Mère divine aussi. Shrî Râmakrishna et Shrî Aurobindo sont tout à fait semblables, c'est par l'amour de la Mère qu'ils sont arrivés à l'Absolu tous les deux. Or l'amour du Christ, c'est l'amour de la Mère ; une seule et même démarche de la conscience et de la vie ici-bas.

Swâmi Yogananda - que je n'admire pas totalement parce qu'il y a beaucoup trop d'occultisme dans ce qu'il dit - a fait l'analyse des sept plans de la conscience et de la vie suivant les sept lettres de l'Apocalypse. Et il affirme lui aussi que tout est Un. Le mental ne le comprend pas et ne doit pas chercher à le comprendre, parce qu'il ne le peut pas. La Vérité c'est l'Unité. Le reste c'est le chemin, le chemin infiniment varié, comme le répètent tous les hymnes védiques. C'est précisément cela que je trouve merveilleux dans les hymnes védiques : l'Unité mais dans la diversité totale et riche ; le mot est toujours employé ... « dans sa riche variété ». Dieu c'est l'homme, c'est l'Absolu, c'est l'Eternel-Dieu, l'Infini, l'Impersonnel ; et le mental est ce qui permet d'apprendre cela, de retenir et d'étudier les Textes Sacrés, de les « mettre en pratique » humblement et de prier avec confiance. Mâ Ananda Moyî répète aussi sans cesse : il vous faut lire les Puranas, il vous faut les étudier, il vous faut les comprendre de mieux en mieux - et peu à peu cette pratique, cette piété, ce travail, cette compréhension des textes font que le mental est capable un jour d'être attiré par Dieu. Jésus dit : « J'attirerai tous les hommes à moi. » Le mental est alors assez pur, assez éclairé. Shrî Aurobindo affirme que « la purification est la partie principale du yoga, la plus difficile aussi. » Se laver de tout égoïsme et de tout orgueil, pour être attiré par Dieu qui nous fait naître à la vision de l'Unité, à la vision de la Vérité. C'est un travail qui doit se faire en secret et en silence. Actuellement, on parle beaucoup trop de ces choses-là. Le yoga enseigne pourtant bien ceci : cette vie avec Dieu il ne faut en parler à personne. Quand tu as rencontré Dieu tu dois vivre parmi les hommes « comme un sot, un idiot et un sourd » ; c'est un vieux texte sanscrit, sans âge, qui nous apprend cela. Etre et se taire. Dans mon foyer, pendant plus de trente ans, personne n'a su ce que je faisais. Le rayonnement spirituel vient de Dieu. Et il agit en dehors de notre volonté.

Combien de temps avez-vous attendu pour enseigner ?

J'ai eu mes premières visions à vingt-neuf ans, et j'ai commencé à enseigner à cinquante-deux ans soit vingt-trois ans plus tard. Mais ma vie intérieure avait commencé bien avant. Quand j'ai parlé, c'est parce que le Seigneur l'avait décidé. Tous les obstacles sont tombés d'eux-mêmes. Mon livre *Quelques aspects d'une Sâdhanâ* était sorti en 1963 sous mon nom hindou. Des personnes qui l'avaient lu ont demandé à l'éditeur mon adresse et m'ont priée de venir chez elles pour les enseigner. Tel fut le commencement. Mon beau-père était pasteur, mais un pasteur intelligent et très ouvert avec qui j'ai pu parler de ces choses-là et qui les trouvait admirables. A la fin de sa vie, il était aveugle et lorsqu'à sa demande je lui lisais quelques pages de mon livre, je le vois encore, aveugle avec sa barbe blanche, lever un visage radieux en disant : « Mais, c'est comme dans l'Evangile, c'est comme dans saint Paul. » C'est le seul être avec lequel j'ai un peu parlé, auquel j'ai un peu raconté ce qui m'arrivait et je lui ai demandé : « Si, un jour, je publie, est-ce que tu me permets de le faire sous ton nom ? » Sa réponse fut : « Tout ce que tu voudras. » C'était un pasteur protestant convaincu du christianisme, mais il s'émerveillait de trouver le même chemin dans ce que j'avais vécu à travers l'hindouisme. La même chose, le même chemin de Dieu.

Dans l'Evangile selon saint Matthieu, au moment du baptême du Christ, lorsque la « voix descend du ciel », il est dit : « Celui-ci est mon fils bien-aimé, dans lequel j'ai mis toute mon affection. » Mais cette traduction n'est pas bonne. Le verbe grec dit tout autre chose : « Celui-ci est mon fils bien-aimé en lequel je suis satisfait, en lequel je suis comblé, donc accompli. » Dans *Le livre des morts* des Egyptiens, à propos d'Osiris, qui est le Christ aussi, conçu de l'Esprit en la déesse Nouth alors qu'elle s'en allait vers son mariage avec un prince de là-bas, il est dit : « Celui-ci est mon fils bien-aimé, en lequel je suis satisfait, je suis comblé, je suis accompli. » C'est le même texte, bien traduit. Tout en Haut, c'est totalement évident et simple : tout est Un et tout est Dieu. Il n'y a aucune raison de se disputer, de s'entre-tuer pour des question de credo alors que chaque religion vient de l'Esprit pour aider les hommes et les conduire jusqu'à Dieu s'ils veulent bien en faire l'effort. Puis, un jour, il faut savoir dépasser la religion, la déposer comme un vêtement qui ne sied plus. Ainsi, je ne suis plus ni chrétienne ni hindoue ; je suis védique. C'est-à-dire le Verbe de Vérité qui Se révèle au monde et qui crée le monde. Cela je le sais et je l'ai senti pendant la guerre quand je lisais les hymnes védiques. Je suis védique, c'est-à-dire à la fois un être incarné, et un être qui n'a jamais eu d'incarnation. Et cela c'est Dieu. C'est Sûrya - le soleil - dans le *Mahâbhârata*, qui reste dans le ciel et illumine le monde parce que sans cela le monde serait dans la nuit et périrait. Par la puissance de son yoga, Il apparaît devant Kuntî et en même temps Il demeure dans le ciel afin de réveiller le jour. Dieu, c'est Cela : Il est un, Il est unique, Il est immuable et pourtant Il Se met à la portée des hommes, de la vision des hommes, Il parle aux hommes et Il les instruit. Mais Il demeure indivisible. Se disputer à propos de dogmes vient de la subtilité du mental et de son incompréhension. Au chapitre 22 de l'Evangile selon saint Matthieu, Jésus répond aux pharisiens : « Vous êtes dans l'erreur, parce que vous ne comprenez ni les écritures ni la puissance de Dieu. » A mon avis l'Inde, la sagesse de l'Inde nous apporte la possibilité de remonter vers l'Esprit, de comprendre le Christ en Esprit et en Vérité. C'est ma conviction.

Je crois que c'est l'expérience de beaucoup de gens qui à travers l'Inde ont retrouvé leur foi chrétienne.

Oui, ils retrouvent la vraie signification, la vraie nature, la vraie valeur du Christ qui est Dieu. Christ est l'Eternel-Dieu, et, en lui nous sommes tous le Fils unique de Dieu, parce qu'il n'y a qu'une seule création : le Fils né du Père. En Lui sont toute la création et toute l'humanité indivisiblement. Les saints, j'en suis sûre, ont toujours pensé ainsi. Mais on les a souvent mis en prison pour cela. Pensez à sainte Thérèse d'Avila, à saint Jean de la Croix... Les Pharisiens et les Sadducéens ne sont pas des personnes ; ils sont des parties de nous-mêmes, ce plan mental très restreint mais prépondérant qui, cependant, n'est pas en l'homme la faculté la plus importante. Son rôle est d'être au service de l'Esprit. Jésus répète : « Comprenez avec votre cœur ; ce que vous avez compris avec votre coeur. » Parce que le cœur c'est l'être entier. L'intelligence mentale a un autre rôle, celui de reconnaître, de différencier, de nommer et puis de dépasser tout cela pour retourner à l'Unité; elle ne le peut que si elle est fidèle à Dieu. L'émerveillement et l'amour sont en elle les levains de l'Esprit.

Le chapitre 13 de l'Apocalypse est extraordinaire parce qu'il montre l'infidélité du mental qui donne sa puissance à la bête, celle qui monte de la mer et celle qui monte de la terre ; cette bête qui est l'inconscient et le subconscient. Le mental, l'ego devient Satan, lorsque le moi individuel « donne son autorité à la bête » (Apoc. ch. 13, v. 2) pour qu'elle règne sur les plans inférieurs et sur la vie. Ceci aboutit à la détresse totale, à la disette, à l'impuissance. A la fin du chapitre, on ne peut plus rien acheter, ni vendre parce qu'il n'y a plus de monnaie pour acheter ou vendre. C'est ce chapitre-là qui se termine par ces mots extraordinaires : « C'est ici la sagesse. Que celui qui a de l'intelligence calcule le nombre de la bête. Car c'est un nombre d'homme, et son nombre est 666. » Le chiffre de l'imperfection. Alors que 7 est le chiffre de la perfection : 4, la matière + 3, l'esprit. 666 est l'inachevé : les trois premiers plans de la conscience auxquels il manque la mesure de l'Esprit qui sanctifie le tout. Pour les hymnes védiques, il s'agit de la quatrième outre débordante de miel, qui est la surabondance de l'Esprit. Le physique, le vital, le mental et le spirituel dont la Plénitude comporte, pour chacun, les sept degrés de l'ascension totale. C'est tellement merveilleux ! Et c'est tellement clair, tellement précis... Parfois je pose cette question : « Est-ce que vous pensez vraiment que l'Eternel-Dieu a pris la peine de s'adresser à l'homme pour raconter de petites histoires qui vont arriver dans le temps, des guerres ou des malheurs et des souffrances dans l'infiniment petit de la terre, qui passe ? » Non. Il est venu pour Se faire connaître, pour Se donner, pour Se révéler. Et l'apôtre Jean a écrit aussi clairement que possible ce qu'il avait vécu, reconcevant ses visions - ce qui n'a pas dû être facile. Il les a exprimées avec des souvenirs de l'Ancien Testament, de Moïse, du chandelier à sept branches etc. La Bible tout entière est une. La Révélation de la Genèse et de l'Ancien Testament devient la plénitude de l'Apocalypse. Lorsque le Christ dit : « Je viens bientôt », Il est l'immédiateté divine qui attend au fond de chacun d'entre nous pour Se révéler quand l'homme veut bien se taire afin d'écouter Dieu. Je n'ai moi-même accompli que deux choses : me taire, me recueillir pour écouter Dieu. J'avais reçu le don de la vision divine comme Kuntî. Et j'ai donc vu beaucoup de choses dans l'Invisible, des choses admirables qui se sont révélées vraies et qui m'ont transformée. Tout le monde ne voit pas cela. Les grands *yogins*, les grands sages de l'Inde, les saints de l'Occident n'ont pas forcément eu de visions, car ce n'est pas indispensable. J'ai eu beaucoup de visions, et je me suis tue pour les écouter, pour les entendre. Ensuite j'ai réappris à lire ma Bible avec mon âme, à la comprendre au travers de ce que j'avais reçu de l'hindouisme, dans le chant des Vedas et la Voix de leurs Dieux. Et puis aussi à la comprendre avec mon expérience de la vie humaine. Tout simplement. Parce que les deux se tiennent, les deux ne font qu'un.

J'ai répandu les parfums de ma lyre
sur tout ce que la vie a fait naître à mes pas.
Le tapis déroulé ainsi remonte vers mon âme
comme un encens.
Combien tout m'est cher sur la route
où fleurissent les jours
toujours inattendus, toujours nouveaux
et toujours adorables
si mon âme le veut pieusement.

J'ouvre mes mains !
Regarde, passant qui t'étonnes de me voir si grave
devant si peu de chose !
Regarde ! J'accueille l'aube dans mes mains,
l'aube comme un présent sacré.
Il peut en sortir tant de larmes,
il peut en sortir tant d'amour,
il peut en sortir tant d'arôme
si mon âme est prête à cueillir sa beauté.
Ne dis pas que la vie est dure,
passant !
c'est notre indifférence qui fait l'usure de nos jours.
C'est notre piété qui fait leur parfum.

Dieu qui attend derrière les brumes
ruissellera dans mes mains
avec l'aube !
Et mes mains seront douces
comme un baume très fin.
Ton cœur, passant,
sentira leur bonté sur sa fièvre.
Et sa peine se pansera avec leur piété.

extrait de *Les Sentiers de l'Ame*

Le travail comme une offrande à Dieu

Vous êtes femme de médecin et vous aidez votre mari ; vous gérez une maison, vous avez quatre enfants, et maintenant sept petits-enfants. Parallèlement à cela, vous enseignez et vous avez écrit de nombreux livres. Pouvez-vous nous parler de cette relation entre votre vie spirituelle et votre engagement dans la société où vous menez, je dirais, une vie comme tout le monde ? Beaucoup de gens voient une contradiction entre les deux aspects, et il semble que vous, vous ne la voyiez pas !

La vie est une. L'Esprit est un. Dieu est un. L'humanité est une. La vérité est une et indivisible. C'est quelque chose qui peut donc se vivre n'importe où, n'importe quand, dans n'importe quel pays, dans n'importe quel travail, dans n'importe quel contexte. Le cheminement même de la vie est le meilleur yoga, l'enseignement le plus sûr qui nous forme et nous transforme, qui nous fait acquérir de la maturité, et nous permet aussi peu à peu de comprendre la vie invisible.

A la base, il est un principe dont on ne peut absolument pas se passer : il faut qu'il y ait une piété, une foi. J'ai eu probablement l'immense grâce de naître avec, en moi, un grand amour pour le Seigneur. J'ai toujours aimé Dieu et cela m'était naturel. Je l'aimais dans la nature, en ma famille, et je l'aimais en mon travail. J'ai fait des études secondaires, des études de musique, mais au travers de tout ce que je faisais, j'avais l'impression de vivre pour Dieu, de travailler pour Dieu, de chanter ou de jouer du piano pour Dieu, d'écrire des poèmes pour Dieu, et surtout d'apprendre beaucoup de choses pour Dieu et avec Dieu. C'est une réalité que je portais en moi.

Devenue femme de médecin, j'ai été l'assistante de mon mari et je fournissais la pharmacie à tous les habitants du village où nous étions. Cela me prenait du temps. On nous réveillait même la nuit. Puis j'ai eu mon premier enfant. Et là, peu à peu, la vie matérielle a commencé à prendre toutes mes forces, tout mon temps. Alors, pour la première fois, j'ai eu le sentiment que je ne faisais pas ce pourquoi j'étais venue ici-bas et que mon âme avait soif d'autre chose. Puis, j'ai eu l'occasion de me recueillir dans une église où j'ai reçu l'ordre de mener une vie spirituelle en même temps que ma vie active dans le monde. J'ai appris à chanter Dieu tout en faisant ma cuisine, en répondant aux malades, en élevant mon petit garçon. J'avais toujours une prière dans mon cœur, une prière dans ma pensée. Longtemps j'ai répété : « Seigneur, que Ta volonté soit faite et non la mienne. » En fait, quoi que je fis, je le faisais de tout mon coeur, avec joie, avec plaisir, le mieux possible mais en l'offrant à Dieu, en sachant que j'accomplissais ce travail non pour moi-même, non plus uniquement pour mon enfant et mon mari ou pour les personnes qu'il soignait, mais pour Dieu.

Il semble que ce soit la clé de votre attitude.

Oui. C'est Dieu seul qui a tout fait !

« Que Ta volonté soit faite et non la mienne. Seigneur, c'est pour Toi que je travaille, c'est pour Toi que j'agis, c'est pour Toi que je chante, c'est pour Toi que j'écris, c'est pour Toi que j'élève mes enfants, c'est pour Toi que je soigne les malades. »

Finalement cette attitude permet d'être beaucoup plus efficace et d'apporter aux hommes beaucoup plus que lorsqu'on fait les choses pour soi-même, ou pour le progrès que l'on pourrait réaliser dans le monde, comme acquérir une personnalité riche en influences, riche en capacités, etc. C'est le contraire qui est vrai. Ce qui est juste, c'est de devenir impersonnel, de s'oublier soi-même. « Non pas moi,

Seigneur, mais Toi, Toi seul. » Perdre sa personnalité humaine tout en la développant au maximum de sa perfection. Et je crois que tous les grands artistes, tous les grands bienfaiteurs de l'humanité, tous les grands savants, tous les grands médecins, tous les grands éducateurs ont eu cette attitude-là : « Non pas pour moi-même, mais la perfection pour les autres. »

On a tous tendance à être pris par ce que l'on fait et à oublier Dieu.

L'Inde enseigne à ne jamais perdre le souvenir de Dieu. Swâmi Vivekânanda donne une image très belle, en disant: « Se souvenir de Dieu continuellement comme un filet d'huile qui coule d'un vase dans un autre. »

Se souvenir de Dieu, pas comme une obligation, mais comme un amour. Aimer Dieu. Et, à ce moment-là, on aime forcément les hommes qui sont les créatures de Dieu. Si on aime vraiment Dieu pour Dieu, on aime les hommes pour Dieu et on aime Dieu en chacun. Les personnes que je rencontre et que j'aime, je ne les aime pas pour elles-mêmes, mais pour Dieu qui est en elles. Et c'est là une très grande force qui grandit l'homme. Tandis que si on aime l'homme pour lui-même, parce qu'il est beau, parce que l'enfant est joli, on le diminue et le ramène à une notion qui est trop étroite. Dans la Bible, Jacob devient Israël, c'est-à-dire un peuple. Abraham devient le père des hommes, le père de l'humanité. C'est donc toujours dans la direction de la vastitude qu'il faut marcher et non pas se resserrer sur soi-même, pour avoir une importance personnelle. Vivre, agir, servir, travailler, **sans aucune idée d'importance personnelle**. Aujourd'hui on fait tout avec une grande idée d'importance personnelle et non pas pour se donner. Or, pour apprendre à se donner à Dieu qui est l'invisible, malgré tout, il faut d'abord apprendre à se donner aux hommes.

Est-ce que le travail n'était pas justement là autrefois comme un moyen d'expression de ce don ?

Tout à fait. Et je connais une jolie histoire qui me vient de mon professeur de philosophie. Dans sa famille vivait une vieille servante et lorsque, par exemple, elle enlevait la poussière d'un pied de table sculpté, elle disait: « Aujourd'hui, mon chéri, c'est ton tour d'être beau pour Dieu. » Cela paraît naïf mais c'est tellement puissant ; la puissance de Dieu en l'homme est dans sa vie quotidienne, dans sa joie, dans son travail et dans sa peine aussi de tous les jours. Cela suffit pour grandir en Dieu. La prière du laboureur le matin, au bord de son champ, et sa prière du soir avant de le quitter suffisent à lui permettre de croître en Dieu.

Vous parlez de la prière avant et après, mais

est-ce que l'acte lui-même du labour n'est pas une prière ?

Justement, si on prie au commencement et si on prie à la fin, l'acte du labour devient lui-même une prière. Mais il faut la prière consciente, voulue, au commencement et à la fin. Cela ne se fera pas tout seul.

Ceci devient une méthodologie pour ancrer la prière dans le moindre geste.

La Prière est indispensable à la vie. Elle enclenche un processus qui fait que le travail devient une bénédiction. La *Bhagavad Gîtâ* dit : « Dans l'action, vois l'inaction et dans l'inaction, vois l'action », c'est-à-dire rappelle-toi que c'est Dieu qui fait, ce n'est pas toi. Et pour moi-même, par exemple, quand je suis surchargée de travail, très fatiguée, c'est cette pensée qui m'aide : « Ce n'est pas moi qui fais, c'est Dieu », et le travail devient plus léger. On le fait de bon cœur en sachant qu'il doit être fait par nous mais qu'il est accompli par Dieu pour les autres. L'humanité a besoin de tous ces travaux bien faits. Mâ Ananda Moyî le dit : « Il faut vous efforcer de faire toutes choses sans négligence. » Et aujourd'hui, on travaille avec négligence, souvent, très souvent ! et donc avec ennui.

Aujourd'hui, on ne considère pas le travail

comme faisant partie de la vie. On le voit comme une nécessité pour gagner sa nourriture et donc, moins on en fait, plus on est content. On essaie de vivre à côté de son travail.

Oui, et souvent on n'aime pas son travail. Or, il faut aimer son travail. Mon père qui a été un grand pédagogue, adoré de ses élèves et respecté de tous, disait : « La pédagogie tient en deux mots : aimer ce qu'on enseigne et aimer ses élèves. » J'en reviens à l'amour. Aimer ce que l'on fait. Et je me souviens, étant jeune, d'une vendeuse dans un grand magasin qui faisait son travail avec un amour infini. Ma mère, qui devait beaucoup compter, car nous étions très serrés financièrement, allait toujours aux grandes ventes du mois de septembre et cette brave vendeuse cherchait et cherchait pour trouver Ie meilleur au meilleur prix avec un amour visible, humble et tout simple. Maintenant on voit rarement cela.

Une autre chose : le vrai travail, bien fait, rend humble. Mais l'humilité, qui est l'une des qualités primordiales de la piété, disparaît aussi actuellement. On n'est pas humble dans la rue, dans la vie, chez soi ! Je crois que plus on a une place en vue dans la société, plus il faut être humble. « Nous sommes, dit Tagore, au service de l'Esprit ici-bas. » Ce service de l'Esprit s'accomplit sur tous les plans de la conscience et de la vie. Le concret est plus proche de l'Esprit que le mental. La matière ne ment pas. Elle est ou elle n'est pas. Le travail matériel ne ment pas. Il est bien fait, il est utile, il est bon, ou bien il est mal fait et inutile. Tandis que le mental peut ruser, peut mentir, se donner des illusions et en donner aux autres. Le plus terrible est la piété hypocrite, qui s'écrie : « J'ai la vérité, j'ai la conscience tranquille. Ce que je fais, je le fais bien, je suis meilleur que les autres, j'ai la vraie foi... » C'est hélas ce qu'est souvent devenu le christianisme. Alors que le vrai *yogin*, le vrai religieux pense toujours : « Je ne suis rien, je ne suis qu'au commencement de l'apprentissage de la pureté, de l'apprentissage de la sainteté. » Shrî Aurobindo explique lui aussi que le *yogin* qui a eu de grands *samâdhis* dans sa vie et qui estime qu'il est arrivé au but, régresse, alors que le *yogin* qui, ayant vécu les plus hauts *samâdhis*, se dit : « je ne suis qu'au commencement de l'Infini » avance et reste dans le vrai. On est toujours au commencement de l'Infini. Mâ Ananda Moyî enseigne : « Comme elle est belle l'œuvre accomplie sans ego ! » C'est cela, faire n'importe quoi de tout son coeur en l'offrant à Dieu, le mieux possible pour que ce soit bon, beau, et salutaire dans l'humanité, une offrande parfaite au Seigneur !

La *Bhagavad Gîtâ*, au chapitre III, explique bien que toutes les œuvres doivent être faites comme une offrande. Refuser les œuvres de la terre en prétendant chercher Dieu, c'est un piège. On peut dire que cela ne réussit pas ! Nous avons à gravir une échelle, dont pas un échelon ne peut être sauté sans risque d'une chute.

Est-ce que ce n'est pas pourtant ce qu'ont cherché à faire tous les moines ?

Souvent, sans doute, mais pas toujours. Car il y a des « appelés » à la Solitude. Je dirais que la vie elle-même, quand elle est vécue en Dieu, nous donne des temps de monachisme. Elle nous procure à bon escient des moments pour nous retirer et pour pouvoir nous consacrer vingt-quatre heures sur vingt-quatre à la méditation ou à la prière. J'ai reçu cette grâce-là aussi plusieurs fois, en tombant malade. Le médecin ordonnait trois mois de repos, et j'ai passé ces mois à prier et à méditer. J'ai fait d'immenses progrès durant cette période. Le monachisme se donne quand l'homme cherche Dieu. Le moment où il peut se retirer quelque temps dans le Silence pour se consacrer vraiment et totalement à la méditation vient puis se termine. Et c'est le retour à la vie où l'on va éprouver ce qu'on a conquis plus haut, dans le travail concret de tous les jours. Dans le travail de la terre, du monde, l'âme éprouve sa pureté, sa richesse, elle reconnaît sa force et ses faiblesses. Par l'Adoration elle s'élève à Dieu ; par le travail du monde, elle naît lentement à l'incarnation de la Sainteté.

Et puis, chacun parvient à sa propre plénitude.

Actuellement, on croit qu'il faut absolument arriver à des extases ou des *samâdhis* pour réaliser quelque chose. Ce n'est pas vrai. « La parabole des talents » du Christ est admirable à ce sujet. Il y a celui qui a reçu dix talents et qui en rend dix au Seigneur. Il y a celui qui a reçu cinq talents et qui en rend cinq au Seigneur. Et le Seigneur répond à tous les deux : « Bon et fidèle serviteur, tu as été fidèle en peu de choses, il te sera confié beaucoup. Entre dans la joie de ton maître. » La joie est la même pour celui qui a reçu les dix talents et pour celui qui a reçu les cinq talents. Par contre, celui qui n'en a reçu qu'un - le talent qui est le don de la vie - et qui l'a enterré parce qu'il trouvait que ce n'était pas la peine de le faire prospérer pour son maître, a enterré sa propre vie qui n'a rien produit. Or la vie a pour tâche de produire une croissance en Dieu. Alors, bien sûr, le maître lui répond durement. Chacun, s'il donne tout ce qu'il peut, tout ce qu'il est, tout ce dont il est capable, arrive à sa propre plénitude. On voit cela chez les malades, chez les handicapés, chez les idiots et même les fous. Ils sont capables d'une certaine évolution qui est leur plénitude et qui est souvent très émouvante. Chacun y arrive et pour Dieu, c'est la plénitude. « Entre dans la joie de Ton maître, parce que tu as fait le travail que je t'avais demandé de faire, dans cette vie. »

Une autre chose que j'affirme toujours, c'est que, lorsque l'homme ne peut plus rien, il est dans la grâce du Seigneur, et c'est Dieu qui fait. La vie spirituelle est un travail, et c'est une chose qu'on oublie. On croit que la vie spirituelle est de travailler moins, de vivre dans la contemplation. Sainte Thérèse d'Avila recommandait assez : « Ne recherchez pas les consolations, ne recherchez pas la contemplation. » Elle aimait mieux la sœur cuisinière ou les sœurs travailleuses que les autres; et quand elle partait pour aller fonder un nouveau Carmel, elle emmenait les travailleuses avec elle.

Car le travail permet les échelons de notre montée vers l'Esprit. Il n'y a qu'à voir la déchéance des malheureux chômeurs, ces gens qui ne peuvent plus travailler, qui se lèvent le matin ne sachant pas ce qu'ils vont faire de leur journée. C'est dramatique parce que cela diminue, étiole et détruit tout en eux : leur santé, mais aussi leur intelligence et leurs capacités. J'ai moi-même un beau-fils qui est chômeur depuis plus de deux ans et demi. Il est électricien. Il a l'impression de perdre ses facultés, de perdre tout ce qu'il est, c'est horriblement dur. Le travail est une bénédiction, non pas pour les honneurs qu'on en reçoit ni même pour le salaire matériel qui est certes nécessaire à notre subsistance ; ceci est une chose, non la principale. Le paysan qui travaille la terre pour nourrir sa propre famille et les autres, fait un travail divin. Il aide la nature à produire ce pourquoi elle est faite et à nourrir les populations pour qu'elles puissent grandir et donner la plénitude de leurs capacités. Une infirmière qui allait régulièrement dans certaines parties très pauvres de l'Asie disait : « Ces gens, comment peuvent-ils être intelligents ? Ils meurent de faim depuis leur naissance ! » Rien ne peut se développer en eux. Il faut donc travailler pour se nourrir, pour être en santé, pour être un bon outil entre les mains du Seigneur. Le travail est une bénédiction. Quand on l'accueille comme venant de Dieu, il est doublement une bénédiction. Quand on le fait pour Dieu, il est triplement une bénédiction. Il nous permet de grandir, de progresser et plus on travaille, souvent concrètement, plus on est capable spirituellement de penser, de comprendre, de voir la Vie divine dans sa vérité.

Est-ce qu'une des difficultés de l'époque moderne n'est pas que le travail est de plus en plus parcellaire et dénué de sens ?

Tout à fait. Il y a tous ces travaux qui ne sont que des intermédiaires, qui transmettent d'un plan à un autre mais qui ne créent rien. Ce sont des travaux inhumains, peu profitables au développement des hommes. C'est sûr. On donne parfois l'exemple de l'automobile : depuis le mécanicien qui construit le moteur, les artistes qui font la carrosserie, les ouvriers qui construisent la voiture jusqu'à l'acheteur qui va l'acquérir, il y a un tas d'intermédiaires uniquement commerciaux qui font que la voiture va doubler ou tripler de prix. Mais ces intermédiaires, qui sont peut-être nécessaires d'un certain point de vue, ne font pas un travail concret. Ils ne créent rien et c'est là une activité creuse, appauvrissante.

Vous voulez dire tout ce qui est d'ordre commercial ?

Pas même, parce que dans le commerce on crée aussi. Mais il y a tous ces transmetteurs. On transmet la chose à un tel bureau, à une autre maison, etc. Ce sont des travaux dévalorisants pour la personne qui les fait. Pour ma part, je trouve triste (c'est peut-être nécessaire à cause de la quantité de gens, la compétitivité de la vie, etc.), mais je trouve triste toutes ces machines qui remplacent l'homme. Dans les parkings, par exemple, là où il pourrait y avoir un contact humain si une personne derrière un guichet vous donnait votre ticket - peut-être n'est-ce pas très drôle d'être derrière un guichet -, on se trouve bien souvent face à une machine. Ma fille, alors qu'elle était malade, déprimée, me disait qu'elle ne pouvait plus aller dans ces parkings souterrains où il n'y a personne. On n'est pas reçu par quelqu'un. Dans les grands magasins, on n'est souvent reçu par personne. Il n'y a aucun échange. Je pense aux personnes âgées qui, autrefois, faisaient leurs courses dans leurs boutiques du quartier et faisaient un bout de causette avec l'épicière en achevant leurs achats. Ce contact humain était bienfaisant. Maintenant, on entre dans le magasin, on remplit son chariot, on passe par la caisse, tout le monde est pressé, énervé. Ce n'est pas humain, ce n'est pas divin. Puis cela apprend aux enfants à avoir trop de tentations, à la hauteur de leur nez, à vouloir ceci, cela. Ce sont peut-être des déformations qui viennent de la surpopulation et ceci est un autre problème que je me sens tout à fait incapable de traiter. Mais je crois qu'il faut penser à la Vie, à la Vie totale, telle qu'elle a été créée parfaite par le Créateur et où il y a tous les éléments qui permettent de grandir en esprit et en vérité. On prie mieux quand on a bien travaillé. On dort mieux quand on a travaillé, quand on a bien accompli sa tâche. C'est pourquoi je répète que le chômage est une catastrophe. Il y a aussi tous les faux chômeurs qui, finalement, trouvent bien commode de recevoir de l'argent à la fin du mois sans avoir travaillé et qui travaillent juste un peu pour avoir droit au chômage. C'est encore pire. L'intérêt se racornit toujours plus. Il y a aussi ceux qui travaillent uniquement pour la retraite, ce qui est tragique. Quand on me parle de retraite, je réponds toujours la même chose : pour moi il n'y a pas de retraite. Mon mari, étant un médecin libre, n'aura pas de retraite. Il faudra travailler jusqu'au bout de nos forces et après on verra bien. C'est Dieu qui sait, c'est Dieu qui fait. Mais maintenant on veut tout assurer d'avance. **Or, en fait, on ne peut rien assurer d'avance**. Jésus lui-même le dit, dans l'évangile selon saint Marc, au chapitre 13, verset 33 : « Pour ce qui est du jour et de l'heure (ceci est vrai pour tout) nul ne le sait, ni les anges du ciel, ni le Fils-même, mais le Père seul. » Dieu seul le sait. Vouloir tout assurer d'avance, c'est aussi perdre sa foi en Dieu, et c'est dans ce sens-là que l'Eglise s'élève contre l'astrologie, contre ceux qui prédisent l'avenir. Car de telles pratiques diminuent la foi. La foi ne sait pas, elle avance en répétant : « Que ta volonté soit faite. » La Providence de nos aïeux ! On l'a perdue. Je suis tout à fait d'accord qu'il y avait des erreurs dans la société telle qu'elle était, où l'ouvrier gravement accidenté perdait son travail et n'avait rien pour le compenser. Un Victor Hugo s'est élevé contre cette injustice, un Lamartine aussi. On a créé les œuvres sociales et c'était bien. Mais le social d'aujourd'hui, ce n'est plus cela du tout ! C'est devenu un règne, et un règne qui n'aide pas forcément ceux qui en ont besoin. Preuve en sont les malheureux qui ont faim dans les grandes villes, dans les rues de nos capitales. Il y en a de plus en plus. Quand je suis à Paris, je loge dans un hôtel, pas très loin de l'église Sainte Cécile où il y a toujours des mendiants qui dorment sur le trottoir, qui mangent un bout de pain. Je vais là chaque matin porter quelque chose, parce que je sais que c'est nécessaire. Mais c'est grave. Dans nos villes, il ne devrait pas y avoir de malheureux qui ont faim, qui n'ont pas un toit où dormir. Cela prouve que les autorités ne font pas leur devoir, qu'elles n'organisent pas leur ménage comme il le faut !

N'est-ce pas parce que les autorités ne sont pas concernées par la dimension spirituelle ?

J'ai essayé de voir cela, en envoyant à l'occasion un de mes livres à un chef d'Etat. J'ai parfois reçu une réponse, une réponse très courtoise, mais je n'ai jamais eu l'impression que cela avait déterminé ces personnes à gouverner au nom de Dieu ! Gouverner au nom de Dieu, c'est assurer le bonheur à tous. Comme le dit Sûryâ, le dieu Soleil, dans le yoga de la Princesse Kuntî, extrait du *Mahâbhârata* : « Ma volonté est le bonheur et la liberté de toutes les créatures. » Quand je suis en extase, en *samâdhi*, je ressens cette Réalité avec une certitude absolue. Je deviens l'univers entier. Je deviens immense et n'ai plus de contour ni de limites. C'est la Béatitude ! Mais la Béatitude pour l'univers entier, pas pour moi seule.

Tel est Dieu ! Actuellement, j'avoue que depuis que j'enseigne, c'est-à-dire vingt-quatre ans, je n'ai plus ni le temps, ni la force physique d'entrer en *samâdhi*, car il y faut une force physique encore jeune. D'ailleurs Mâ Ananda Moyî le disait elle aussi : « On croit que j'ai régressé parce que je n'ai plus autant d'extases qu'autrefois ! » En fait cela veut dire que la force du *samâdhi* est installée dans le corps humain, dans l'être, et y demeure immuable, constante. Rien de mes activités humaines, terrestres, ne m'a jamais empêchée de faire ce qui était mon travail selon Dieu, parce qu'au fond tout ce que je fais, je le fais avec Dieu et pour Dieu.

Lorsque j'étais beaucoup plus jeune et que mes enfants étaient encore petits, que j'avais eu, malgré tout, le temps d'aller méditer, il m'arrivait, en sortant du *samâdhi*, de voir toutes les personnes et les choses comme dans de l'ouate, dans une sorte de nuée blanche. Moi-même je ne me sentais pas sur la terre et pourtant je continuais à faire mon travail. J'ai réussi à me conduire de telle façon que personne ne se doutait de rien. Peu à peu je redescendais de l'extase et me retrouvais dans mon corps, dans ma conscience habituelle. Je n'en étais pas sortie, seulement j'étais arrivée au sommet de moi-même, à l'intérieur le plus intime de moi : Dieu !

Et puis, n'oublions pas ce qu'enseignent les sages de l'Inde : au début de la *sâdhâna*, lorsqu'on a médité très haut, qu'on a peut-être même vécu une extase et qu'on en revient, on souffre. On souffre parce qu'on sent qu'il y a une énorme différence entre ce que l'on fait sur la terre et ce que l'on a réalisé plus haut, dans l'Esprit. Mais cette différence doit disparaître. « Le *yogin*, parvenu à la perfection, dit la Bhagavad Gîtâ, qu'il soit en *samâdhi* ou dans le travail du monde, ne sent aucune différence. » Il est en Dieu des deux côtés. C'est une chose importante qui n'est pas facile. Voilà pourquoi il faut être fort. Longtemps on souffre en revenant de l'extase ; on ne sait même plus si elle est vraie, si elle a eu lieu ; elle est tellement différente de la vie quotidienne, matérielle, que l'âme n'en a plus de preuves face au concret qui est prépondérant. Il faut persévérer, persévérer. Puis arrive le moment où il n'y a plus de différence entre la vie humaine, terrestre et les *samâdhis*. « Le Bouddha, dit Swamî Vivekânanda, était le vingt-quatrième Bouddha. Il en a fallu vingt-trois pour faire le vingt-quatrième. » Il y faut beaucoup d'années et, je pense, beaucoup de vies.

Toute l'existence matérielle est une croissance, le reflet de la vie spirituelle qui elle aussi est une croissance. Il ne faut pas croire qu'un *samâdhi* soit inactif. Ce n'est pas une contemplation béate. Non. Il y a une intense activité dans le *samâdhi* et l'on en sort changé. Certaines choses sont mortes et d'autres sont nées. Toujours Golgotha avant Pâques ! Tels sont les deux volets de la croissance divine : la mort et la renaissance, le détachement de soi et l'accomplissement en Soi. Entrer dans l'Absolu présente un côté terrifiant. Il faut y être prêt. Regardez la peine qu'a eue Shrî Râmakrishna, finalement secouru par Totapuri qui l'a aidé à se concentrer en lui mettant une pièce de verre entre les deux sourcils. Quand il a vu alors apparaître la Mère qu'il adorait, il a eu enfin la force de la pourfendre avec la volonté de sa pensée divine pour entrer dans Rien, dans cette Immensité lumineuse, cette Vastitude infinie, dont on est à la fois le Centre et le Tout. Il y est resté six mois pour revenir ensuite apporter un Renouveau spirituel fabuleux, pas seulement à l'Inde, mais au monde entier. Shrî Râmakrishna reste le départ de la Vie spirituelle actuelle et le départ dans le travail pieux également. Il racontait l'histoire du dieu Narendra et de son disciple. Le disciple disait à Narendra : « Seigneur, ce laboureur qui va tous les jours travailler dans son champ pour sa femme et ses enfants, il prie juste au début du jour et le soir avant de rentrer. Le reste du temps, il ne pense pas à Dieu, il laboure son champ. » Alors, le Seigneur lui dit : « Va remplir une coupe jusqu'au bord et tu feras le tour de la chambre sans en verser une goutte. » Le disciple obéit, remplit la coupe et fait le tour de la chambre en veillant bien à ne pas verser une seule goutte. Quand il a fini et déposé la coupe, le Seigneur lui dit : « Combien de fois as-tu pensé à Dieu en portant ta coupe ? » « Pas une fois ! » « Tu vois, le laboureur qui prie le matin et le soir, en faisant tout son travail pénible, a suffisamment pensé à Dieu ! »

La méditation est une flamme blanche.
Elle s'élève, droite et pure,
au sein de la conscience qui ne voit qu'elle
et qui la suit.

Aum shrî Râm
jay Râm
jay jay Râm.

La méditation est une offrande de soi-même,
un chemin secret où la persévérance trébuche,
où la pensée s'apaise,
un pays où l'on est aimé.

Aum shrî Râm
jay Râm
jay jay Râm.

Seule Shakti * *sait que tout est Dieu.*
Elle est la Mère
elle est aussi l'enfant.
Et je suis Shakti
je suis Shakti, murmure l'âme.
Shakti connaît Bhagavan
et Bhagavan porte Shakti.

Aum shrî Râm
jay Râm
jay jay Râm.

extrait de *Les Sentiers de l'Ame*

* = *la Mère divine.*

Dieu donne la prière véritable

« Seigneur, enseigne-nous à prier. » (Luc 11:1) « Quand tu pries, entre dans ta chambre, ferme ta porte, et prie ton Père qui est là dans le lieu secret ; et ton Père, qui voit dans le secret, te le rendra. » (Matthieu 6:6)

« Entre dans ta chambre, ferme ta porte », recueille-toi en toi-même, « retire tes sens des objets extérieurs », comme le dit le yoga, et concentre-toi sur Dieu. « Prie ton Père qui est là dans le lieu secret et qui voit dans le secret. »

Il y a une gradation qui va de la prière à la contemplation immatérielle en passant par la méditation et la concentration. La prière est la joie de la confiance et de l'amour, l'épanchement du cœur humain, qui s'ouvre à son authenticité. Elle est la rosée bienfaisante de l'aube, la fraîcheur apaisante du soir après les travaux du jour.

Elle ne consiste pas à demander ceci ou cela, car « le Père sait ce dont nous avons besoin, avant que nous le formulions. » (Matthieu 6:8) Les vœux de ce genre nous concentrent sur l'ego et ses désirs dualistes, sur ses difficultés et ses angoisses. Ils ne font donc que le renforcer.

La prière véritable se fixe sur l'Eternel par l'adoration, par l'oubli de soi qui est la jeunesse indestructible de l'intelligence, la source de son renouveau ; par l'émerveillement de l'âme qui accueille en soi la Beauté. La prière établit le règne du Divin sur tous les plans de la conscience et de la vie qui s'offrent à sa bénédiction et se nourrissent ainsi de la manne du Ciel. Elle aboutit au silence de l'ego qui permet à la Parole transcendante de les pénétrer.

L'oraison dominicale (Matthieu 6:10-13)

« Notre Père qui es aux cieux » : appel à la supraconscience. L'esprit humain, en se recueillant dans le silence qui le concentre sur Dieu, s'oriente vers le sommet de sa propre pensée.

« Que ton nom soit sanctifié » : le nom du Seigneur est le centre lumineux de la méditation. En le sanctifiant, en l'honorant, l'homme est lui-même sanctifié, élevé, purifié par la puissance de l'Esprit Saint.

« Que ton règne vienne » : que la supraconscience, c'est-à-dire la réalité et la sainteté de l'Esprit règne dans la conscience humaine, en l'individu et l'humanité. Qu'elle domine les autres plans de la création, ressuscite toutes les énergies de l'être à leur efficacité divine, à leur vérité originelle transcendante.

« Que ta volonté soit faite sur la terre comme au ciel. » Que la plénitude et la limpidité de la lumière et de la vie resplendissent dans le corps et le mental comme dans l'âme. Que nos actes soient purs, que nos pensées soient pures, que notre méditation accomplisse sur terre la perfection de l'Esprit.

« Donne-nous aujourd'hui notre pain quotidien » : la nourriture nécessaire à la croissance harmonieuse du corps et à l'épanouissement spirituel de l'intelligence. « L'homme ne vit pas de pain seulement, mais de tout ce qui sort de la bouche de l'Eternel. » (Deut. 8:3) La nourriture est ce qui permet de grandir. Si elle vient de Dieu, c'est-à-dire de notre supraconscience immortelle et radieuse, elle fait de notre corps l'instrument parfait de l'Esprit qui révèle ici-bas et dans la conscience de l'homme la réalité bienheureuse de l'Absolu ; elle fait de notre raison le porte-parole du Verbe, créateur de toutes choses, illuminateur et dispensateur de la connaissance rédemptrice.

« Pardonne-nous nos offenses, comme nous aussi nous pardonnons à ceux qui nous ont offensés. » L'offense est le faux-pas, la mauvaise démarche qui obscurcit en nous la lumière supraconsciente. Le pardon est la possibilité toujours ouverte d'un retour à la vision de vérité, à l'incarnation de la sainteté. C'est dans la mesure où nous laissons le pardon agir en l'homme, en nos frères comme en nous-mêmes, que nous recueillons le pardon divin, la régénérescence efficace de nos erreurs, la résurrection de notre vie totale : matérielle, vitale, mentale et spirituelle, à la béatitude de l'éternité immuable. Pardonner aux autres, c'est discerner la voie du pardon en soi-même, naître à l'intelligence de la vérité, à la paix du Seigneur. Recevoir le pardon de l'Esprit, c'est s'épanouir dans la connaissance de l'éternité.

« Ne nous induis pas en tentation, mais délivre-nous du malin. » Ce malin est en nous l'énergie des dualités qui se prend à son propre piège et devient satanique. L'homme dit : « Je suis ce corps, cette raison, l'auteur et le maître de leurs œuvres. » Il vit ainsi dans le mensonge et perturbe sa vision, sa compréhension de l'existence, car il est Dieu, un avec l'Eternel : « Moi et le Père nous sommes un » (Jean 10:30) et son seul destin est de renaître à la lucidité de l'âme qui lui révèle son unité avec l'Absolu. La dualité nous trompe, elle nous « induit en tentation » si la supraconscience ne veille, rectifiant sans cesse nos raisonnements, purifiant nos gestes, ennoblissant nos desseins et libérant notre âme de l'emprise du monde matériel. Puisse-t-elle détruire en nous l'illusion de l'ego, notre attachement à l'individuel, et nous enfanter à la joie de l'unité où tout est parfait. Car la vérité est l'indivisible plénitude de l'Etre : « Je suis celui qui suis. » (Exode 3:14)

« Car c'est à Toi qu'appartiennent, dans tous les siècles, le règne, la puissance et la gloire. » La supra-conscience et l'immortalité, la connaissance et la lumière, la joie inaltérable et créatrice de la vie.

Sat	*Chit*	*Ananda*
Père	Fils	Esprit

L'Etre - La Sagesse et la Béatitude de la réalité absolue.

« Amen. » Ainsi soit-il, en nous, en moi ! Que la gloire de la vérité, de la sainteté et de l'amour s'accomplisse en l'homme, conformément à la loi divine et inaltérable de la création. Qu'elle règne sur l'humanité ; qu'elle transfigure l'individu et le rende à sa nature réelle et ineffable.

L'Oraison dominicale marque les sept degrés de la réalisation mystique, les sept étapes de la révélation intérieure qui, de l'image, reconduit à la perfection inaltérable de l'Etre.

1 - « Notre Père qui es aux cieux. » Appel à la transcendance invisible qui est notre substance et notre vie.

2 - « Que ton nom soit sanctifié. Que ton règne vienne. Que ta volonté soit faite sur la terre comme au ciel. » Le Père est présent à tous les degrés de l'incarnation, il en est la loi, l'harmonie, le devenir authentique et l'accomplissement.

3 - « Donne-nous aujourd'hui notre pain quotidien. » L'Eternel et ce qui sort de Sa bouche est la nourriture totale des créatures qui lui doivent l'être et l'immortalité.

4 - Sa parole éclaire et féconde l'âme, son souffle permet la croissance de l'être entier, la révélation de la vérité ineffable dans l'incarnation.

5 - « Pardonne-nous nos fautes » : dans la mesure où nous voyons Dieu en nos frères, en toute manifestation de l'existence, notre pensée est pure, elle se libère de l'emprise dualiste, de la tyrannie de l'ego conditionné ici-bas par les opposés. Etre pardonné c'est voir et connaître notre nature suprême, notre identité avec l'Absolu (le Père). « C'est depuis que je vois Dieu en toute créature que je connais Dieu», disait Râmakrishna (1836-1886).

6 - « Mais délivre-nous du malin. » La conscience se détourne de la fascination du monde et se tourne vers Dieu ; c'est la conversion.

7 - « Car c'est à toi qu'appartiennent... » *Tat Sat* : Tout est Dieu ! Le nom de l'homme est l'Eternel, celui en qui tous sont un seul. « Celui qui vaincra, j'écrirai sur lui le nom de mon Dieu, et le nom de la ville de mon Dieu, de la nouvelle Jérusalem qui descend du ciel d'auprès de mon Dieu, et mon nom nouveau. » (Apoc. 3:12)

La méditation

La méditation est la prière silencieuse, l'exercice de la maîtrise de soi qui prédispose la pensée humaine à croître en la sagesse de la grâce spirituelle. Elle immobilise le corps, apaise la raison, fait taire les révoltes, les désirs, la combativité de l'homme afin de l'accomplir dans la douceur de la compréhension parfaite qui est amour et vérité. Elle utilise pour cela diverses méthodes :

- Le *japa* ou répétition d'une formule, d'un nom sacrés, afin de canaliser l'agitation mentale, de l'alimenter divinement, de remplacer son instabilité, son incertitude par la force révélatrice du Verbe
- Le *pranayama* ou respiration contrôlée dont l'objet essentiel est l'éveil de la Kundalîni (« l'enroulée »), de la puissance spirituelle en chaque créature. Car celle-ci est la base de l'existence, le fondement divin de sa genèse cosmique. Il n'y a pas de piété réelle sans l'action de cette énergie, permise par le renoncement à l'ego et l'aspiration à la connaissance supérieure, à l'appréhension de l'Invisible : « L'Eternel dit à Moïse : Je ferai ce que tu me demandes, car tu as trouvé grâce à mes yeux, et je te connais par ton nom. Moise dit : Fais-moi voir ta gloire. » (Exode 33:17-18)

Telle est la nostalgie constante et suprême de la méditation. Et voici son exaucement : « Moïse tailla deux tables de pierre comme les premières ; il se leva de bon matin, et monta sur la montagne de Sinaï, selon l'ordre que l'Eternel lui avait donné, et il prit dans sa main les deux tables de pierre. L'Eternel descendit dans une nuée, se tint là auprès de lui, et proclama le nom de l'Eternel. Et l'Eternel passa devant lui, et s'écria : L'Eternel, l'Eternel, Dieu miséricordieux et compatissant, lent à la colère, riche en bonté et en fidélité, qui conserve son amour jusqu'à mille générations, qui pardonne l'iniquité, la rébellion et le péché, mais qui ne tient point le coupable pour innocent, et qui punit l'iniquité des pères sur les enfants et sur les enfants des enfants jusqu'à la troisième et à la quatrième génération ! » (Exode 34:4-7)

« Les tables de la loi écrites du doigt de Dieu » (Exode 31:18) « de l'un et l'autre côté » (id. 32:15), « l'ouvrage de Dieu » (id. 16) sont l'homme lui-même créé, articulé, pénétré par la sagesse immuable de l'Etre, dans le devenir comme dans l'Absolu.

Le résultat de la révélation divine vécue dans l'incarnation est ceci : « Moïse descendit de la montagne de Sinaï, ayant les deux tables du témoignage dans sa main, en descendant de la montagne ; et il ne savait pas que la peau de son visage rayonnait, parce qu'il avait parlé à l'Eternel. » (Exode 34:29)

La conversion est la volonté individuelle qui se tourne (du latin *convertere* : tourner, se tourner) vers l'Esprit invisible, au dedans d'elle-même, qui devient indifférente aux attraits des sens et du monde concret, qui domine ses élans et sa pensée afin de les offrir à Cela où se consomme sa gloire. Elle n'est ni le changement, ni l'acceptation d'un credo particulier s'opposant à d'autres credos. Elle est « le chemin, la vérité, la vie » par lequel, peu à peu, l'homme conçoit « le Royaume de Dieu au dedans de lui-même » (Luc 17:21), « l'invisible plus réel que le visible ». (II Cor. 4:18)

« L'homme naturel (c'est-à-dire psychique, différencié du tout et limité au savoir dualiste) ne reçoit pas les choses de l'Esprit de Dieu, car elles sont une folie pour lui et il ne peut les connaître, parce que c'est spirituellement qu'on en juge. L'homme spirituel (le *yogin*, maître dans l'art de la méditation) au contraire, juge de tout et il n'est lui-même jugé par personne. Car qui a connu la pensée du Seigneur pour l'instruire ? » (I Cor. 2:15-16). Seul l'Esprit connaît l'Esprit. Seul l'homme détourné de soi-même, né à la lumière du Verbe possède la Sagesse et la Vision de ce qui Est.

AUM est la syllabe originelle, la spontanéité de la sagesse première dans la blancheur de l'Âme unique. Celui qui se concentre sur AUM et perd toute notion de sa personne est libre en la lucidité parfaite de sa plénitude reconquise : la Supraconscience qui est son commencement et sa fin, l'alpha et l'omega.

La concentration mystique est la véritable religion : le chemin qui relie l'homme à Dieu et Dieu à l'homme, car le mouvement est réciproque : « Dieu créa l'homme à son image, il le créa à l'image de Dieu » (Genèse 1:27). L'Eternel descend en lui et Il l'élève, l'attire à Soi. C'est l'Eternel seul qui fait tout. La concentration est la recherche ardente, obstinée, passionnée de l'union bienheureuse : « Moi et le Père nous sommes un » (Jean 10:30). *Aum Tat Sat* : je suis cela.

De la prière à la concentration, il y a une intériorisation de l'intelligence, un approfondissement de l'ouïe et de la vision immatérielles qui sont irréversibles et irremplaçables ; l'évolution de la respiration jusqu'à son allègement parfait (le pardon signifiant : alléger, lancer au loin ; le pardon diminue la pesanteur de la conscience physique et mentale dualiste jusqu'à la transfiguration dans l'Esprit qui envahit tout), puis sa cessation dans l'Immortalité. Cette évolution emprunte au temps ses étapes mais elle est hors de la durée, hors de l'espace, l'insondable actualité de la connaissance à jamais indivisible et totale.

C'est un peu renverser les rôles que de vouloir obtenir la concentration par la respiration contrôlée et cela comporte de sérieux dangers pour la santé physique et mentale, surtout dans l'Occident peu habitué à ce genre de discipline.

Le *prânayama* est en réalité la conséquence naturelle de l'extase, un signe qui permet de reconnaître sa valeur. Swâmi Râmdas lui-même, ce *bhakta*, cet adorateur infatigable, lui préférait de beaucoup le *japa*, la répétition du nom de Dieu : Râm, jusqu'à ce que le Seigneur seul ait envahi la conscience et l'être entiers.

L'exercice qui précède la méditation et favorise la concentration est l'apaisement du mental et la tranquillité du physique obtenus par la régularisation du souffle et l'abandon de soi à l'influence de l'Esprit : « Va en paix, tes péchés te sont pardonnés. » Non point que le disciple ait gagné le Paradis et qu'il soit désormais sûr de son salut, dégagé de toute peine religieuse. Au contraire ! Le pardon des péchés est la condition indispensable et première à toute ascension spirituelle, à toute réalisation mystique.

L'importance qu'y donnent les saints, la hantise qu'en avait un François d'Assise, une Thérèse d'Avila, un Jean de la Croix, prouvent suffisamment qu'il est le premier palier de la connaissance, le pas décisif sans lequel aucune ascèse n'est possible, aucune lumière ne saurait éclore dans la pensée.

Pour l'Islam de même, l'ascension religieuse commence par prendre conscience de ses fautes, par les considérer avec honnêteté afin de les oublier ensuite. Car le péché est le « faux-pas » qui fait dévier la course et manquer la victoire à l'effort. Le pardon est l'allègement de la conscience qui peut ainsi se tourner vers l'immatérialité de l'Esprit, le détachement intérieur qui supprime la servitude à la loi de cause à effet (*Karma*).

Nul ne prie, ne médite ou ne se concentre avec fruit s'il continue à s'agiter physiquement, à s'emporter contre son frère, à multiplier ses activités et ses désirs, à exacerber ses convictions dualistes. La saine respiration du repos est aussi l'aération de l'intelligence, la sincérité du cœur et la joie de l'âme.

La tranquillité physique est l'abandon à l'enseignement spirituel : « Marie a choisi la bonne part qui ne lui sera point ôtée. » (Luc 10:42). L'apaisement mental c'est l'oubli mystique si merveilleusement efficace, le détachement yogique de l'ego, le renoncement à soi du Christ, l'effacement de l'individu devant le mystère de sa réalité intégrale, l'ouverture de la porte par où la pensée accède à l'Infini radieux.

Le salut n'est pas individuel ! Il ne s'agit pas d'élever l'ego à une puissance, à une félicité démesurées. C'est là le piège qui déroute bien des chercheurs. Car le chemin est le dépouillement progressif de l'homme au profit de l'âme qui l'habite, l'effort audacieux et soumis qui nous libère de l'obsession de soi et nous consacre à la vision de l'Eternel. L'humanité est convoquée à la souveraineté de l'Absolu au dedans d'elle-même, à la toute-lumière de l'Esprit par delà tous les rêves qui l'enveloppent de leur nuit.

Nul n'est coupable, car tous sont également contraints par la dualité.

Nul n'est incapable, car la loi est inscrite du doigt de Dieu en chacun.

La Vie est la félicité !

La foi c'est de croire en l'invisible qui est plus vrai que le visible, en l'Ame qui est Tout. Notre victoire est la transparence parfaite de la pensée où l'homme et l'éternité sont indissociables, confondus dans le Jour qui n'a pas de fin : « Ses portes ne se fermeront point le jour, car il n'y aura point de nuit. » (Apoc. 21:25) De toutes parts la création est envahie par la lumière. Elle est Dieu.

Ce récit est comme un Eveil qui se lève en nous. Une révélation réciproque et bienheureuse entre les mots et la conscience humaine. Tels sont les Textes sacrés ! Le Bonheur vrai d'un enfantement à soi, au fil de la Pensée séculaire et démultipliée, où les personnages et les faits s'identifient à notre propre transfiguration.
Tiré du Mahâbhârata, *cet épisode met en scène Karna, le fils de Sûrya - le Soleil - et de Kuntî.*
Karna, que sa mère Kuntî déposa à sa naissance dans une corbeille et abandonna à la protection sacrée du Gange, est devenu un adolescent. Il a seize ans et répond au nom de Râdheya, qui veut dire « fils de Râdhâ », sa mère adoptive.
Son père adoptif, Adhiratha, est un simple conducteur de char. Son enfance a connu la droiture et la piété soutenues par ce seul grand trésor : l'amour ! L'amour et la vigilance lucide de sa mère Râdhâ qui, dans le secret de son âme, sait que son fils est né d'un Dieu. L'heure est venue pour Râdheya d'un éveil intime, que sa nature profonde a préparé en lui peu à peu et discrètement.

Une histoire
Notre histoire
aujourd'hui comme jadis

L'éveil.

Et le Mahâbhârata nous raconte :

« Mère, veux-tu me dire une chose ? » dit Râdheya à sa mère Râdhâ. « Mère, c'est mon anniversaire aujourd'hui. Père m'a offert un char neuf et de nouveaux chevaux. Il dit que je suis maintenant assez grand pour conduire un char. Mes mains sont impatientes de tenir un arc et des flèches. Je ne puis penser à autre chose. Eveillé ou endormi, mes pensées sont toujours fixées sur ce désir. J'ai envie de me battre. Je veux devenir un archer. Pourquoi, mère, pourquoi ce vœu contre-nature se trouve-t-il dans mon cœur ? »

Dieu est en nous, mystère d'une présence ineffable, ferveur d'une nostalgie tenace, force inconnue qui grandit avec nous.

« Mère ! » Râdheya interroge celle qui l'a nourri et qu'il ne cessera jamais d'aimer ici-bas comme sa mère véritable, même lorsqu'il saura de quels parents il est issu. Elle est pour lui le déroulement de la vie dans l'enfance et la piété, la sécurité, l'éducation, la croissance juste et sage, au foyer d'un conducteur de char, dont il connaît désormais le métier. Une maîtrise lui a été enseignée, maîtrise de soi, du char et des chevaux, un savoir-faire humain qui précède et permet une autre étude, un devoir et un devenir supérieurs qu'en fait toute créature porte en soi. La plupart d'entre elles l'ignore et ne le soupçonne même pas. Mais à l'âge de seize ans, Râdheya en est devenu conscient et, bien davantage, il en souffre. Seize est le chiffre de l'Absolu. Un cycle divin complet a désormais été vécu par celui qui porte la Splendeur du Soleil en soi et sur soi, qui détient aussi le trésor de la piété parfaite. Durant toute son existence dans le monde, Râdheya servira et maintiendra la vérité, la vérité seule, c'est-à-dire la Parole donnée à Dieu. Il adorera le Soleil, sans savoir qu'Il est Son Père. Et la Beauté, la Plénitude de la Lumière sera son seul attrait : la Connaissance.

«Mère... mes mains sont impatientes de tenir un arc et des flèches. Je ne puis penser à autre chose.

Eveillé ou endormi, mes pensées sont toujours fixées sur ce désir. J'ai envie de me battre. Je veux devenir un archer. Pourquoi, mère, pourquoi ce vœu contre-nature se trouve-t-il dans mon cœur ?»

La science et la maîtrise d'un conducteur de char suscitent en Râdheya le désir de se battre, debout sur le char, avec un arc et des flèches dans ses mains, et toute l'adresse de l'archer dans son coeur, dans sa tête et dans ses membres*. Il se sait fait pour cela, né pour cela. Et Râdhâ, sa mère adoptive, le sait aussi. C'est pourquoi elle ne répond pas à sa question, douloureuse pour elle. Son fils est un *Kshatriya*, le dernier palier terrestre avant d'être *Brahmane*, le plan du combat où doit être vaincu le péché : l'égoïsme et l'orgueil de l'ignorance et du mensonge, afin que le Divin triomphe en l'homme. Elle est elle-même « la réussite, l'accomplissement », sur le chemin de la rencontre avec l'Absolu. Et Karna ne lui a pas été confié sans raison par la Divinité du Gange. Le Destin de l'enfant est un Destin sacré que ni sa mère adoptive ni son père adoptif ne voudront empêcher.

Dieu parle en Râdheya, irrévélé, inconnu, mais réel et puissant. Et Kuntî veille, le visite dans son sommeil et l'inquiète mystérieusement. Tel est Dieu en chacun de nous. Dans la Bible, Samuel en est un

* Les degrés successifs dans l'ascension de l'existence !

autre exemple, semblable*. Bienheureux celui qui entend, qui écoute et qui répond à cet appel, même si son parcours ici-bas doit en être gravement alourdi. Ce sera le cas pour Râdheya, avant le triomphe au delà de la terre, dans la Splendeur du Ciel divin.

Sans répondre à sa question, Râdhâ dit : « Hier tu parlais dans ton sommeil. Tu disais : Ne t'en va point avant de répondre à ma question. Qui es-tu ? Pourquoi me hantes-tu ainsi ? Mon fils, quel était ton rêve ? »

Le mystère de sa naissance poursuit Râdheya jusque dans son sommeil. Il est le nôtre. Qui suis-je ? Et quel est le sens de ma vie dans le monde ? Tant que cette question n'a pas trouvé sa réponse valable, vraie en nous, nous sommes inquiets et

---

* « Le jeune Samuel était au service de l'Eternel devant Eli. La parole de l'Eternel était rare en ce temps-là, les visions n'étaient pas fréquentes. En ce même temps, Eli, qui commençait à avoir les yeux troubles et ne pouvait plus voir, était couché à sa place ; la lampe de Dieu n'était pas encore éteinte, et Samuel était couché dans le temple de l'Eternel, où était l'arche de Dieu. Alors l'Eternel appela Samuel. Il répondit : Me voici ! Et il courut vers Eli, et dit : Me voici, car tu m'as appelé. Eli répondit : Je ne t'ai point appelé ; retourne te coucher. Et il alla se coucher.

L'Eternel appela de nouveau Samuel. Et Samuel se leva, alla vers Eli, et dit : Me voici, car tu m'as appelé. Eli répondit : Je ne t'ai point appelé, mon fils, retourne te coucher. Samuel ne connaissait pas encore l'Eternel, et la parole de l'Eternel ne lui avait pas encore été révélée.

L'Eternel appela de nouveau Samuel, pour la troisième fois. Et Samuel se leva, alla vers Eli, et dit : Me voici, car tu m'as appelé. Eli comprit que c'était l'Eternel qui appelait l'enfant, et il dit à Samuel : Va, couche-toi ; et si l'on t'appelle, tu diras : Parle, Eternel, car ton serviteur écoute. Et Samuel alla se coucher à sa place.

L'Eternel vint et se présenta, et il appela comme les autres fois : Samuel, Samuel ! Et Samuel répondit : Parle, car ton serviteur écoute. » (I Samuel 3 : 1-10)

malheureux, sans véritable but sur la terre, insatisfaits et troublés par les événements, les échecs, les perplexités autant que par nos réussites, nos succès. Rien n'est stable, rien n'est définitif, jamais. La pensée flotte, le coeur hésite, l'esprit se voile, le corps vieillit et s'affaiblit sans se connaître. Qui suis-je, véritablement ? Et quel est mon chemin, mon but ici-bas ? Je voudrais savoir me battre* et connaître la vérité de la bataille, sa maîtrise et sa victoire réelles. Celles d'une Apocalypse certaine, supérieure : « A celui qui vaincra ! »

Des visages, des images passent devant nos yeux dans le jour, comme des signes indéchiffrables ; glissent sous nos paupières dans le sommeil de la nuit : « Qui es-tu ? Ne t'en va point avant de répondre à ma question ! » Le secret est là, tout proche. Et Râdhâ, la mère qui veille sur son enfant, l'a perçu : « Mon fils, quel était ton rêve ? »

Celle qui a reçu pour tâche de veiller sur Râdheya, en l'absence de sa mère véritable, touche avec sa pensée et son coeur à l'origine de la peine, au commencement du combat qui attend Râdheya dans le monde. Il est fils de Dieu, elle le sait. Mais comment ? Et pour quel Devoir ? Elle a déjà compris qu'il deviendra un archer suprêmement habile, plus leste, plus adroit, plus puissant qu'Arjuna lui-même,

* Le combat divin de l'existence, dont parlent les Ecritures.

l'Ami de Krishna. Et elle en a accepté le sacrifice pour elle-même, car il est Dieu. Mais elle ignore le chemin douloureux qui attend son fils. Elle le pressent peut-être : « Une épée transpercera ton sein.* » D'une manière plus modeste, plus effacée que Marie, ce sera la même souffrance.

Râdheya demeura silencieux quelques instants. Puis il dit : « Mère, très souvent mon sommeil est troublé par un rêve. C'est toujours le même. »

Il n'est qu'une seule question scellée au fond de notre être et qu'une seule réponse, informulées toutes les deux, mais sensibles de tant de manières et qui nous troublent dans ce rêve qu'est en grande partie notre existence ici-bas. Car la Vérité est ailleurs, sur un chemin qui nous échappe longtemps, vers un But que nous ne parvenons pas à saisir, à cerner. L'instabilité des jours et de nos humeurs, nos capacités autant que nos incapacités nous laissent une compréhension sans cesse évanescente, des espoirs qui disparaissent, des clartés qui s'éteignent.

Je vois une femme. Elle est vêtue de robes précieuses qui sont, je pense, la parure d'une princesse. Son visage est caché par un voile.

Une présence qui a la douceur d'une Mère et l'allure royale du Divin dont il émane une clarté supé-

* Luc 2 : 35.

rieure, la richesse d'un héritage radieux. Mais elle demeure voilée, irrévélée, comme la Beauté qui nous habite et qui nous fuit, comme la fraîcheur d'une eau pure glissant entre nos doigts. Qui est-elle ? Qui es-tu ? La question qui hante le jeune Râdheya est la nôtre, au cours de notre existence entière : d'où vient la vie qui m'anime et quelle est-elle ?

Un visage voilé. Une forme évanescente et, dans le cas présent, un regard qui pleure : « *Je suis couché et elle se penche sur moi. Des larmes ardentes tombent de ses yeux et me brûlent.* »

Râdheya, dans son rêve, éprouve le feu d'une souffrance qui monte du fond de son être vers les pleurs qui coulent sur lui. La rencontre intime de son sommeil est une double nostalgie : celle de son âme qui se cherche, celle de la mère inconnue qui l'a conçu d'un Dieu*. Tous deux vivent la solitude intense de la créature séparée de son Auteur, l'incertitude de l'Inconnu dans le pressentiment de l'incarnation. Les larmes de Kuntî confiant son enfant aux flots de la rivière, au mystère du temps, sont gravées dans le coeur de ce fils, paré de la Lumière de l'Esprit. Tout est secret, tout est scellé, pour elle qui lui donna le jour sur la terre, pour lui qui grandit sans savoir d'où il est né. L'homme est fils de Dieu

---

* Shrî Aurobindo : *Rose de Dieu*, Six poèmes de Shrî Aurobindo traduits et commentés par Mâ Sûryânanda Lakshmî, p. 100.

et il ne le sait pas. Il porte en soi un « Destin exceptionnel* » dont il ignore la nature, une valeur qui lui échappe. Et son drame, son oeuvre est de le découvrir dans la nuit **. Il veut se battre pour en sortir, chasser l'obscurité, arracher le voile qui lui cache le visage de son origine. Et dans le cas de Râdheya, c'est l'arme noble de l'archer qu'il pressent être la sienne, celle qui lui ouvrira les chemins de la gloire, c'est-à-dire de sa Vérité, de sa Réalité dans tout l'éclat de sa Splendeur révélée. La femme qui pleure sur lui, dans ses rêves, ses mains impatientes de tenir un arc et des flèches, sont les signes de son Destin, les marques de sa nature déjà revêtue du Soleil. Chacun de nous porte le Soleil en soi et sur soi, le Rayonnement ineffaçable de son Créateur. Et « les boucles d'oreilles », la faculté d'entendre la Voix secrète de la vie au fond de soi. Le rêve, ici, en est un premier pas, brûlant d'espoir et de nostalgie.

« *Je me redresse et lui demande : Qui es-tu ?* » L'Insaisissable est apparu. Il est la Mère divine dans Sa Beauté encore imprécise, mais présente et ardente : Lakshmî, l'Epouse de Sûrya qui veille sur son fils dans l'obscurité des parcours terrestres. Digne d'elle, il l'est, et il le sera, dans tous ses actes, ses pensées, sa dévotion, sa fidélité aussi à Râdhâ, celle qui le reçut, lui donna son amour et le nourrit.

---

* cf Saint Augustin.

** *La Montée du Carmel*, St Jean de la Croix.

Il est le Fils divin dans le monde, infaillible et valeureux, ignorant presque jusqu'au bout quel il est.

Tels nous sommes. Mais pas toujours aussi fidèles, aussi courageux, aussi droits !

Cependant, mère, cette femme de mes rêves s'évanouit comme un fantôme effrayant.

L'Inconnu engendre l'effroi dans le coeur de l'homme. Aussi longtemps qu'il ne connaît pas Dieu, son origine et sa nature, il a peur et ses pas sont incertains. Il voudrait saisir le mystère qui le poursuit. Il n'aura que son travail et sa persévérance pour y parvenir, en obéissant à la soif qui lui dessèche la gorge, à l'instinct qui, du fond de lui-même, le pousse en avant : Dieu, la Mère divine, ses Parents insoupçonnés.

Mère, dis-moi, pourquoi ceci m'arrive-t-il ? Comment se fait-il que je ne veux pas être un simple charretier ? Il doit y avoir une explication à cela.

C'est la vie elle-même en son déroulement singulier qui va répondre ; la mère terrestre, celle qui éclaire notre enfance et notre foyer, dira ce qu'elle sait, avec une modeste sincérité. Ce qu'elle pressent, elle en parle à peine, mais elle oriente son enfant dans la direction qu'elle prévoit être la sienne. Il lui en coûte. Et ce sera le sacrifice d'une séparation définitive, comme c'est toujours le cas ici-bas, lorsqu'un pas en avant doit être accompli *. Il faut quitter l'habituel pour se lancer sur la route imprévisible du Divin. Nul ne peut rester douillettement où il est, s'il veut poursuivre sa croissance et connaître son Destin. Celui qui le fait s'atrophie sur place. Il est semblable au serviteur de l'Evangile qui enterre son talent au lieu de l'épanouir en une nouvelle prestance (Matth. 25 : 18). Râdheya s'interroge et il interroge sa mère, la vie, qui seule peut le guider sur le chemin de sa Réalité. La question qu'il pose à Râdhâ, la réussite, l'accomplissement, ne l'oublions pas ! est infiniment humble et touchante. Il accepte sans le moindre doute sa condition de fils de charretier et jamais, même plus tard, il ne la reniera dans son cœur. Pourquoi ce rêve étrange et répété ? Pourquoi n'est-il pas satisfait d'être le fils d'un charretier ? « Pourquoi ceci m'arrive-t-il ? Il doit y avoir une explication à ce mystère ? » Cette explication, il la porte en lui. Il la porte même sur lui mais, étrangement, il n'en tient pas compte, il semble ne pas voir son corps revêtu de la cotte de mailles en or ni les boucles d'oreilles. Râdheya ne se regarde pas extérieurement, il s'interroge intérieurement. Telle est déjà sa vraie valeur. De plus, il a confiance en la vie, en celle qu'il croit être sa mère et c'est à elle que son amour troublé s'adresse, à elle, très simplement.

J'aime dans ce récit la situation toute simple de

* cf. Abraham, Genèse 12 : 1.

l'adolescent que sa nature bouillonnante au fond de lui-même interroge et fait trembler, et qui s'adresse sans détour à celle qui l'a nourri, élevé dans le monde, avec une droiture et une confiance d'enfant. Les subtilités, les complications qui embrouillent tellement de nos jours les relations entre les générations successives auraient ici une grande leçon à retenir : l'enfant devenu un jeune homme ne s'imagine pas qu'il sait tout. Il est troublé par la maturité qui l'agite et il en parle à sa mère pour qu'elle lui en donne l'explication et l'apaise ! selon l'ordre établi par les Dieux dans la Création. C'est cette obéissance au Divin, cette soumission à la Vie telle qu'elle a été établie de plus haut, où notre compréhension n'atteint pas le plus souvent, qui frappera dans tout le cheminement de Râdheya, comme chez Kuntî. Notre orgueil, dès l'enfance, et nos désobéissances constantes nous poursuivent et nous perturbent partout, faisant de nos existences un combat très dur et souvent stérile. Celui de Râdheya ne sera certes pas facile, mais il sera consacré à la Lumière divine et consommé dans l'Immortalité. Il y a aussi, aujourd'hui, l'immaturité spirituelle des parents !

L'explication.

Râdhâ l'attira plus près d'elle. Elle le plaça sur

ses genoux. Le tenant dans ses bras comme si elle craignait de le perdre, elle dit.

La tendresse domine chez Râdhâ comme chez Kuntî, la tendresse d'un amour toujours prêt au sacrifice, quel qu'il soit. Kuntî a confié son premier-né aux Dieux, avec des larmes. Râdhâ l'enverra vers la vie, loin d'elle, afin qu'il devienne ce qu'il est, avec des larmes aussi.

A seize ans, sur les genoux de sa mère ! Pourquoi pas ? Dans ses bras qui malgré elle voudraient le retenir alors qu'elle sait très bien qu'elle ne le fera pas. Telle est la piété, la vraie : l'amour qui se donne ici-bas sans réserve et dans le respect des Dieux, où l'attachement humain devient l'offrande parfaite d'une élévation qui s'inspire des conditions terrestres pour grandir dans la Lumière de l'Esprit. C'est ainsi seulement que notre parcours dans le monde devient la vie divine elle-même, dans tous ses détours et toutes ses particularités. La mère qui répond à la question de son fils, qui le conseille et l'oriente vers son devenir ici-bas, porte en elle-même le Ciel d'une divination supérieure qui donne à ses gestes et à ses paroles la beauté, la vérité d'une révélation sacrée. Un Souffle passe au-dessus du couple enlacé, la mère et le fils, et ce Souffle est celui de l'Ame qui conduit le destin terrestre vers sa grandeur initiale et immortelle. Entre Kuntî et Karna, plus tard, beaucoup plus tard, nous retrouverons la même tendresse, la même étreinte, au seuil de la mort. Râdhâ vient assurer ici les premiers pas de son fils vers le mystère de sa maturité. Et dans ce but, elle lui donne son amour pour seule arme, l'amour d'une mère qui confie son enfant à l'Inconnu de sa démarche dans l'existence. Cet amour, comme celui de Kuntî, ne lui fera jamais défaut, car il est au coeur de l'homme, l'amour divin, sous le visage d'une femme qui a su s'effacer, pour être inaltérable et infini : sans égoïsme et sans orgueil. Telle sera pour Râdheya la Grâce sur laquelle s'appuyeront toutes ses recherches et ses démarches : un amour vrai qui, de toutes manières conduit à Dieu. Un amour fait de dévotion, de respect envers l'homme comme envers Dieu, sans aucune idée d'importance personnelle, pour le seul bien de la Vérité. C'est encore Kuntî qui agit au travers de Râdhâ, Dieu en Sa créature. Le vrai chemin, le seul, demeure la sincérité modeste des cœurs qui se confient l'un à l'autre sous le Regard transfigurateur et lumineux de l'Esprit.

Mon fils, le temps est venu, où je dois te raconter une histoire.

Ce qu'elle sait, Râdhâ le dira au jeune homme, sans rien changer, sans rien ajouter d'autre que ce que son coeur avait compris dès le début. Une histoire ! Le mystère de toute naissance, de toute venue ici-bas, pour chaque créature dont l'origine n'est connue que du Seigneur seul. Le mystère plus grand encore de la descente d'un fils de Dieu dans le monde. Une histoire ! Notre histoire, à chacun et à tous, dont le secret et la réussite résident en l'Eternité seule, si humble que puisse être notre parcours ici-bas. Voilà pourquoi il est si grave et si dangereux d'oublier Dieu dans sa vie, et tellement primordial d'avoir une mère qui sache prier près du berceau et conduire son enfant avec piété dans l'humble obéissance de l'amour.

Elle a eu lieu voici seize années. C'était un merveilleux matin.

Certes, le jour était sans doute radieux ! Mais son souvenir s'est illuminé de la joie qu'il apporta, pour celle qui l'a vécu. Il est resté en elle et dans son esprit l'Aube sainte d'une consécration inestimable.

De bonne heure, ton père était allé au bord du Gange afin d'offrir des prières matinales au Soleil.

Il accomplit la piété traditionnelle qui salue l'Aurore où réapparaît le Soleil, Sûrya, le Créateur et l'Illuminateur des mondes et des âmes. Il chante la Gayatrî* tandis que l'astre brillant sort des

---

* O fleur du Silence matinal,
Toi qui suis des sentiers purs de toute poussière
et vierges de toute trace de pieds humains,
fraye le chemin de l'aube et sois notre avocat
devant le Dieu qui se tait !
Aum, paix, paix, paix,
Seigneur qui Est Cela.

brumes du matin, et cet arrêt de toute activité humaine autre que l'adoration, va devenir ce jour-là, le commencement d'un destin nouveau, une offrande précieuse. De facon plus concrète déjà, l'Incarnation divine vécue par Kuntî se répète pour l'humble Adhiratha, au bord du fleuve sacré du Gange.

Ses yeux furent attirés par quelque chose, un objet lumineux flottant sur le fleuve. Il fut intrigué. Il semblait qu'un joyau brillant surnageait.

On eût dit le rayonnement de Sûrya Lui-même se reflétant dans l'eau ! Tant de détails l'attestent aussi, racontés par l'homme émerveillé (« un merveilleux matin » !) à sa femme, au retour de ses incantations. Comme pour Kuntî, c'est la venue de la Lumière frémissante de toute Sa Beauté matinale et divine, simultanément, qui attire et retient le regard de l'homme en prière. Ainsi vient Dieu au devant de nous, si notre coeur est rempli d'obéissance et de ferveur : inattendu, radieux et soudain, un joyau brillant qui flottait sur l'eau. Un joyau, certes ! Le regard de Dieu posé sur l'homme et l'attirant, afin qu'il s'éveille à sa Présence, à sa Réalité, et qu'il La voie.

Au bout d'un moment, l'objet se rapprocha.

Il aurait pu s'éloigner, disparaître. Mais il vient de

Dieu et il est gardé par Lui pour que l'humanité le trouve et le reçoive. Car Dieu vient, vient, vient à nous du fond des âges, du fond de nous-mêmes et à jamais : le joyau qui sommeille au cœur de notre être. La Grâce, c'est de le reconnaître et de l'accueillir, comme va le faire Adhiratha. On peut passer à côté, le perdre, si l'on est sans déférence et sans dévotion envers la vie, tout simplement. Car la vie vient à nous et elle est Dieu.

(Libation, *Les Sentiers de l'âme*, p. 132)

Pour voir ce qu'elle nous apporte, à chaque pas, il faut pouvoir s'émerveiller. Et seule la ferveur régulière de la piété nous y prépare. Veiller et prier sans cesse. A chaque aube, saluer le Soleil ! Alors, un jour, Il s'approche de nous et Son éclat nous comble d'une existence nouvelle, d'un parcours riche d'intelligence et d'accomplissement.

La curiosité de ton père fut éveillée.

Un signe qui suscite une question à l'intérieur de soi, comme pour Râdheya. Un signe que la piété (Adhiratha adorait le Soleil levant, comme Kuntî sur son lit de princesse, le charretier et la fille de roi ont la même attitude et reçoivent la même réponse !) transforme en grâce, en un sillon vers la Vérité.

Il nagea jusqu'au cœur du fleuve pour découvrir ce qu'était cet objet rutilant.

L'objet, encore indistinct, le signe du Divin humble et à peine reconnaissable pour notre pensée peu préparée, notre dévotion encore trop simple, se rapproche. Mais l'homme dont il attire le regard et l'attention décide de faire un effort, de s'en rapprocher lui aussi. Le double mouvement à l'intérieur de la conscience que Shrî Aurobindo décrit si bien : Dieu descend en elle qui s'élève à Lui. Les deux vont toujours ensemble.

Il vit d'abord une corbeille de bois.

Comme le soleil matinal que regardait Kuntî, une chose toute simple et commune de la vie terrestre : une corbeille de bois. Mais la vraie dévotion adore toute forme qui vient à elle avec le mystère imprévu de sa beauté. Elle est au fond de nous-mêmes cette attention de l'âme qui s'émeut au moindre signal de l'existence et y répond avec les mains tendues de l'amour (*Les Sentiers de l'âme*, p. 128 en bas*). Une corbeille de bois, une modeste coupe flottante. Dieu !

Elle était merveilleusement façonnée.

Elle était belle de la beauté de l'Esprit mais aussi de la pureté, de la noblesse du coeur qui la regarde

---

* Visage... comme une sylphide
l'âme des choses est ce bouleversement
qui va de leur indifférence à mon luth
et de ma tendresse à leur beauté.

et qui s'en approche. Dieu peut paraître devant nous. Si notre cœur est sec et froid, encombré par l'orgueil et les désirs terrestres, lourd de sa vanité comme de ses regrets, il ne Le reconnaîtra point, fût-Il revêtu de toute Sa Gloire. Il faut cette émotion intime et vivante, cette prière et cette soif de chaque jour pour rencontrer le Seigneur sur la berge d'un fleuve ou n'importe où*. Dieu vient à nous, avec chaque aube, chaque effort, chaque soir, mais seule la douceur de la vraie piété lève la tête et Le voit, lorsqu'Il passe. Cf. Abraham sous les chênes de Mamré (Genèse chapitre 18). *Elle était merveilleusement façonnée* et suscitait l'admiration de l'âme, cet éveil inattendu et divin qui change notre vie.

Il s'en approcha et regarda à l'intérieur.

Voir dedans, sous le couvercle de l'apparence, dans le secret du joyau rutilant qu'est le Jour ! Car c'est l'Eternel Lui-même qui passe et glisse sur les flots mouvants du fleuve, une Pâque** dans les voiles du Temps. Et la prière usuelle d'un matin comme tous les autres, devient le regard ébloui qui rencontre Dieu.

C'est tellement exact ! C'est tellement ainsi que le

---

* « Simon Pierre répondit : Tu es le Christ, le Fils du Dieu vivant. Jésus, reprenant la parole, lui dit : Tu es heureux, Simon, fils de Jonas; car ce ne sont pas la chair et le sang qui t'ont révélé cela, mais c'est mon Père qui est dans les cieux. » (Matthieu chapitre 16, versets 16-17).

** Pâque = le passage de l'Eternel.

mystère de l'Invisible se découvre à notre conscience attentive, préparée à Son passage. La corbeille aurait pu s'en aller plus loin, vers qui, jusqu'où ? Dieu veille sur elle, Sûrya Lui-même, le Créateur des jours - le Père de l'enfant, et le cœur éploré de sa mère Kuntî. Dieu veille dans la prière des coeurs qui se souviennent de Lui fidèlement, et Sa venue inattendue Se revêt d'un Feu qui Le fait reconnaître.

Ce qu'il vit le rendit muet.

Lui, le simple charretier venu s'incliner au bord de la rivière, voit et sa pensée se fige, et sa bouche se tait. Tel est toujours l'effet de la vision mystique, tellement imprévue, tellement merveilleuse, qu'elle fige notre être entier dans une immobilité, un saisissement bouleversés. Plus rien d'autre n'existe que ce qui est vu soudain, l'épiphanie de l'Admirable.

Adhiratha se trouve au milieu des eaux mouvantes ! Il est éperdu de joie et pense à Dieu aussitôt, comme fera son épouse un peu plus tard. Il faut pouvoir être ainsi, réagir ainsi et donc s'y préparer, longtemps, très longtemps à l'avance. Dieu vient. Mais si la place n'est pas nette, pure au dedans de nous-mêmes, offerte au Seigneur chaque jour, à chaque heure, le passage de l'Eternel n'apporte pas la vie, mais l'ignorance et même la mort*.

* Exode chap. 12, verset 29.

La corbeille contenait un très bel enfant, le plus bel enfant qu'il ait jamais vu.

Un enfant ! La vie en son commencement. Et bien sûr, il était beau, inestimablement beau. Un Don, un Don du ciel, un chemin, une croissance dont la promesse est incalculable, beau, également de la joie émerveillée du regard qui le recueille. Le jamais vu. Ainsi est l'extase ! Ainsi est la venue du Seigneur dans notre existence, toujours. Soudaine et incomparable, neuve et sans second, reconnue aussitôt par l'âme qu'elle visite.

Il dormait paisiblement. Le Gange l'endormit peut-être avec une berceuse que sa mère ne voulait pas lui chanter. Ainsi pensa ton père.

Toutes les pensées de l'homme sont nobles et reçoivent Dieu ! Le texte est tellement émouvant, tellement vrai. « L'enfant dort paisiblement. » Ni le froid de la nuit, ni l'absence de sa mère, ni l'étrange et long parcours de son berceau ne l'ont troublé. « Ainsi pensa ton père. » L'étonnement n'est pas une inquiétude, dans l'extase -car ç'en est une -, mais une rencontre intime avec l'Inconnu, l'Imprévisible. Il est un élan bienheureux qui s'élève à Dieu. Car pour l'Hindou, le Gange est Dieu. La démarche intime de la pensée comme des événements est toute simple, naturelle et remplie de ferveur, de vérité : de la salutation pieuse jaillit une vision inattendue puis une révélation qui va changer toute la destinée de ce couple honnête et sans histoire. Tel est Dieu et son intervention possible en chacune de nos existences. La passion des plans inférieurs de l'être n'y a pas de part ! La vie vient, sous l'aspect d'un enfant, né de Dieu seul.

Tenant la corbeille de sa main, il nagea jusqu'à la rive, puis il courut à la maison.

Les faits se succèdent, logiques et calmes, sur le courant du temps. J'aime tant, dans les Textes sacrés hindous comme dans les Evangiles, ce déroulement des choses selon leur modeste évidence. Adhiratha emporta la corbeille en nageant vers le bord du fleuve qui l'a portée jusqu'à lui. Le récit ne dit pas son coeur battant, le soin qu'il prend pour la tenir sans qu'elle verse, sa joie, son impatience de porter à son épouse ce « joyau rutilant » que le matin leur a donné. Rien. Les faits. Mais au coeur des faits le bouleversement divin qui transforme la créature et son parcours ici-bas, l'émerveillement de l'âme qui reçoit le Don du Ciel. Pour Adhiratha et Râdhâ, désormais tout sera différent.

Puis il courut à la maison.

C'est la hâte pieuse d'Abraham aussi, recevant les trois anges et leur préparant un repas. La hâte mystique et joyeuse de celui qui soudain agit sans hésiter, accomplissant les actes justes (*yukta*), en union avec le Divin qui l'a visité. Il est tranquille, il est vrai, il sait où il va et ce qu'il doit faire, ici-bas comme dans le ciel éveillé de son esprit, né tout à coup à autre chose par un attouchement sacré au plus intime de son être.

Râdhâ ! Râdhâ ! Regarde ! Je t'ai apporté quelque chose. J'ai un cadeau pour toi, cria ton père.

L'homme appelle sa femme, car l'enfant la concerne plus que lui-même. « Regarde ! » Vois, toi aussi, l'Incroyable. « Quelque chose », un objet trouvé sur le fleuve, tellement imprévisible. Et puis, la joie de la tendresse humaine chez l'époux pour son épouse, lui qui est pauvre ici-bas : j'ai un cadeau pour toi. Quel cadeau ! Ce qu'il a reçu, il le donne, sa joie, mais surtout cet enfant, qui a besoin d'une maman pour le nourrir et lui consacrer son amour. Il ne lui vient pas à l'idée que quelqu'un pourrait le leur réclamer et le reprendre. Sa certitude est trop grande. Il le dira plus tard. « Cet enfant nous vient des cieux. »

Je sortis en hâte pour voir ce qui l'excitait tant et je ne pus en croire mes yeux lorsque je vis l'enfant dans ses bras.

L'épouse répond à l'appel pressant de son mari, à sa voix transformée par une telle émotion, et ce qu'elle voit est pour elle-même aussi un *samâdhi*, pas moins : un enfant dans ses bras. Déjà il est à lui, sorti de la corbeille, contre sa poitrine et dans ses bras qui le réchauffent. Et la piété fidèle de la femme comme celle de son époux ne s'y trompe pas un instant.

Elle s'exclame : *Comment ! L'enfant est beau comme le Soleil matinal. Il rayonne. Regarde la cotte de maille et les boucles d'oreilles ! C'est un enfant qui appartient à quelque dieu.*

Râdhâ n'a aucune hésitation : ce bel enfant qui rayonne de Lumière vient de Swar, le Ciel des Dieux ! Le Soleil matinal qui l'a conçu en Kuntî le revêt, la Gloire de l'Esprit l'habite, la Beauté de la vie en son Origine la plus haute l'enveloppe de sa Splendeur. Et la femme comme l'époux, penchés sur ce trésor inestimable qui leur est confié, le reçoivent avec l'humble joie de leur piété. Ils savent tous les deux que pour seule richesse ils ne pourront lui donner que leur amour. Et dans cet amour, dès ce premier instant, pénètrent le respect dû au Divin, la dévotion de l'âme et la persévérance de la droiture. C'est ainsi que devrait être reçu tout enfant, afin qu'il puisse être élevé et nourri dans la Grâce du Père (cf St Matthieu chapitre 23 verset 9). Voir en lui la Lumière vivante de l'Esprit descendu jusqu'à nous. « Il rayonne. Regarde sa cotte de mailles et ses boucles d'oreilles. » Sa cotte de mailles fait un avec son corps, nous le verrons plus loin. Il est revêtu de l'éclat du Soleil, façonné de Sa Substance et il possède l'audition radieuse de la Vérité. Il rayonne de la Splendeur divine. « Cet enfant appartient à quelque dieu. » Râdhâ l'accueille tel un présent du Ciel et en même temps elle sait qu'il ne lui appartient pas, mais à la Vie seule, au Créateur de tous. Attitude que toute mère devrait avoir dans le monde : l'enfant n'est pas à moi. Il est à Dieu, à qui je dois l'offrir et le rendre, le consacrer chaque jour davantage par la prière de mon amour pour lui. Le détachement parfait de l'ego dans l'amour maternel véritable. Nous verrons déjà par la suite du récit que Râdhâ y est réellement préparée.

Râdheya se dressa d'un bond. Il ne pouvait respirer. Si terrible, si pleine de mystère était l'histoire.

Le choc est profond, violent. Il fait basculer en lui toute la certitude de son enfance. Et il allume dans sa pensée le feu d'une inextinguible nostalgie qui l'accompagnera désormais partout : d'où vient-il et qui est-il ? Le rayonnement qu'il porte sur lui ne l'éclaire pas encore. Mais la flamme vraie de sa nature s'est levée, brûlante et vive comme un tison.

Il se dresse d'un bond et il suffoque. Son silence trahit un tremblement intime presque insoutenable. Sa propre grandeur inconnue l'oppresse, le mystère de sa naissance et de son abandon ! Tels nous sommes ! Qui est notre père, s'il est Dieu ? Et pourquoi nous a-t-Il délaissés sur cette terre dans l'incompréhension d'un destin redoutable dont nous ne pouvons pas cerner la Réalité ? Orphelin. Râdheya l'éprouvera désormais toute sa vie. Seul, même sans amis, face à l'hostilité des événements. Sur tous les plans, la sécurité s'effondre tout à coup : matérielle, vitale, mentale et spirituelle aussi, le respect des ancêtres et de leur souvenir. Il ne reste plus rien ! Un mystère le remplace, profond comme la nuit, l'Inconnu d'un chemin sans autre directive que cet éveil imprécis, dans un rêve insaisissable, et le récit d'une mère aimée qu'il faudra quitter. Quel dieu adorer comme son propre père ? Et quelle mère écouter, dont le conseil s'appuie sur la réalité ? Râdheya est démuni. Il ne sait plus rien.

Râdhâ le serra davantage contre elle, comme pour dire : « Dans peu d'instants tu me quitteras. Jusque-là, laisse moi t'étreindre. »

L'amour de sa mère adoptive lui répond, un amour plein de tendresse, de sagesse aussi et désintéressé. Le peu qu'elle sait, le peu qu'elle a compris aussitôt en recevant son fils des bras de son mari, et de sa joie, Râdhâ va le transmettre au jeune adolescent meurtri qu'elle berce sur ses genoux et serre dans ses bras. Le détail, loin d'être ridicule, est si vrai, si touchant. Rien d'autre que cette douceur-là, totale, humaine et pieuse à la fois, ne peut répondre en ce moment pathétique au désarroi profond de Râdheya. Il va partir, la quitter. Cela, ils le savent tous les deux, par un mouvement instinctif et essentiel de leur nature droite et claire. Les faits sont là, qui désignent la route à suivre selon leur évidence, selon Dieu : le détachement progressif du moi individuel, chez tous les deux.

«Dans peu d'instants tu me quitteras. Jusque là, laisse-moi t'étreindre.»

Ces dernières minutes de bonheur goûtées ensemble ne concernent déjà plus l'ego, ni chez l'un ni chez l'autre, car il est tourné ailleurs. Elles scellent en Râdheya une force qui ne le quittera jamais : la beauté parfaite d'un amour qui l'enveloppe de sa grâce. Dans les plus durs moments de son existence, Râdhâ sera sa mère, une référence inébranlable à la Vérité, sur le chemin de son ascension vers Dieu.

L'histoire se poursuivit. Sûrement, dis-je, sûrement cet enfant n'est pas de la terre. il doit venir d'un dieu. Aucun enfant ici-bas ne peut avoir une telle beauté.

Je voudrais ici retenir tout d'abord un détail qui me paraît primordial : la beauté est Dieu ! Sa Nature, Sa Force révélatrice, l'Attrait irrésistible qu'Il exerce sur nous. Il est donc de la plus grande importance, en toutes choses, de rechercher la beauté, de la cultiver, de l'aimer, la vraie beauté qui exalte l'âme et satisfait l'être entier. La beauté qui nous touche est un *samâdhi*, une extase, et son action sur nous est vaste, profonde et durable.

En ce nouveau-né qui lui est confié par la course du fleuve sacré, Râdhâ reconnaît Dieu ! Bienheureux, ici-bas, quiconque reconnaît Dieu dans la forme, quelle qu'elle soit, qui s'avance vers lui ! « Cet enfant n'est pas de la terre. » Râdhâ capte dans sa tendresse immédiate pour l'enfant qui lui est remis la stature d'un Fils de Dieu descendu ici-bas. Cette stature, en fait, appartient à chacun. Mais chacun doit la rechercher, la découvrir en soi-même et en l'autre, également. Parce que Râdhâ est pieuse, habitée par le souvenir de Dieu, elle voit Dieu dans le trésor que contient la corbeille. C'est le Seigneur du Ciel, au dedans d'elle-même, qui Se reconnaît dans l'enfant. C'est Dieu dans notre coeur qui rencontre Dieu.

Ton père me sourit. Il dit : « Peut-être est-ce un enfant né des cieux, que Dieu t'a envoyé parce que tu n'as point d'enfant. Je sens qu'il a été créé par grâce pour toi. Je suis sûr qu'il t'est destiné, précisément à toi. »

Chez l'homme comme chez la femme, l'amour parle, la dévotion aussi. Elle, saisit l'extase au sommet de sa conscience, dans la vision divine première qui l'éclaire et la remplit de bonheur. Lui, un degré plus bas, s'attribue la révélation ineffable. Il la saisit pour en faire son chemin, sa route nouvelle ici-bas. C'est un mouvement logique et naturel de la conscience émue par l'Inconnu et qui l'accepte comme un Don du Seigneur, comme un devoir aussi, un devenir inespéré, inattendu. En consacrant son épouse mère de « l'enfant né des cieux », Adhiratha devient lui aussi le père adoptif responsable de sa croissance et de son bien-être dans le monde. Beaucoup plus tard, à sa venue sur le champ du tournoi où triomphe son fils, le vieil homme aura la même dévotion et la même humble fierté qu'en ce premier moment, où il le donne à son épouse comme « une grâce créée pour elle, qui n'a point d'enfant », une descendance de l'amour et de l'Esprit.

Leur attitude à tous les deux est si belle et dépourvue d'orgueil, leur joie est si sincère et si pure dans ce récit parfait, qu'elles nous apportent une leçon inestimable. « Je suis sûr qu'il t'est destiné précisément à toi. » Il répond à ton désir le plus cher. Et cette réponse vient du ciel comme une grâce, comme une oeuvre sacrée que tu vas accomplir. Dieu visite les hommes de tant de manières, Il émeut notre conscience avec tant de sagesse et de bonté, qu'Il suscite notre devenir heureux et divin, si nous savons Le reconnaître et L'aimer. La piété monte de plusieurs degrés vers la réalisation de son But. A condition qu'elle soit vraie, modeste et sans calcul intéressé.

« J'ai l'intention de l'appeler Râdheya, car il sera ton cher fils bien-aimé. »

Tu seras mère, mère de Dieu, et il sera ton fils, il portera ton nom sur la terre. Or l'amour maternel c'est d'abord l'oubli de soi ! Le sait-on encore aujourd'hui ? Le don de soi qui sait, inébranlablement, que l'enfant bien-aimé appartient à la Vie, à Dieu et non point à celle qui l'allaite et qui l'élève selon sa piété, non plus qu'à celle qui lui donne naissance ici-bas. La venue d'un enfant dans un foyer inaugure et ouvre pour ses parents le long chemin de l'abnégation vraie et juste, à chaque pas, qui conduit à une élévation totale de l'existence incarnée vers l'Esprit. De la véritable éducation d'un enfant, l'égoïsme et l'orgueil devraient être exclus, chez les parents d'abord. Ils le sont rarement, de nos jours où l'ego est roi et développé chez les plus petits déjà, par ignorance et par impiété. Marie élevait Jésus en priant, en respectant la Loi. Râdhâ fera de même et conduira son fils vers ce départ sur le chemin de la Connaissance qu'elle a su accepter dès le début.

Etre mère, être père, être parents, c'est se réjouir d'un enfant en Dieu et pour Dieu. Le chemin d'une croissance intime qu'il faut d'abord réaliser en soi-même. L'enfant est un *samâdhi*, une naissance à Dieu qu'il faut savoir vivre avec lui, une ordonnance sacrée de l'esprit descendue dans le monde.

Nous tressaillions à l'idée d'avoir un enfant dans la maison. J'étais très heureuse.

La maison prend son sens, elle devient le foyer d'une éclosion pour tous, en tous ; le centre d'un devenir sacré où l'âme de chacun goûte la joie divine qui nous permet de grandir en Esprit et en Vérité. La famille est sacrée, scellée par la venue d'un enfant toujours « né des cieux » pour nous instruire et nous combler. C'est ainsi qu'il faut la vivre. Le charretier et sa femme sont pauvres. Rien ne sera facile pour eux comme pour tant d'autres. Mais « ils sont très heureux. » Et le travail, la persévérance, la prière feront le reste, dans la lucidité croissante de leur amour. Ce n'est qu'ainsi que l'humanité peut grandir dans sa véritable Nature. Tous les détails du récit sont des joyaux qui éclairent l'âme et illuminent le chemin grand ouvert de la Vie devenue divine pour la conscience qui la conçoit ainsi. Au travers des travaux quotidiens les plus modestes, regarder à l'intérieur des êtres et des choses, où vit Dieu, par notre piété fidèle. C'est tous les jours qu'il faut recommencer à aimer Dieu, à L'invoquer, à se tourner vers Lui, avec une confiance totale et aussi une joyeuse insouciance. Car Dieu fait tout pour notre bien, tout, si nous savons le voir.

Je regardai la corbeille qui n'était pas ordinaire.

Le concret vient soutenir l'intuition du cœur; c'est la rencontre entre le chant de l'esprit, la joie de l'âme et le regard humain, ébloui par tant de Beauté.

Tu avais été déposé là, drapé dans un tissu de soie, de soie précieuse, cette sorte de soie que seule une princesse pouvait utiliser.

La haute naissance de l'enfant ne faisait aucun doute : il était né du Ciel, revêtu de l'or du Soleil, drapé dans une soie précieuse, marqué du sceau d'un prince sur la terre comme dans le ciel. Un heureux héritage le portait vers la vie qui le confiait à des parents dignes de sa noblesse à lui, dignes par le coeur et l'esprit. Savons-nous toujours être dignes des présents que le Ciel nous offre ? Les aimer, les respecter, les protéger de nos efforts justes et généreux ? Les rendre aussi, à l'heure où le Divin nous demande de Lui en restituer la valeur accrue par notre piété ? Car tout appartient à Dieu seul et doit grandir en Lui, nos joies, nos désirs, nos réussites, nos échecs, tout retourne à Cela qui le donne. Tel est le seul chemin qui permet à l'homme de s'élever vers l'Eternel, d'être digne de Sa confiance et de Sa Bonté. Il donne et Il reprend, uniquement pour notre Bien suprême qui est de Le connaître un Jour.

Mais il était inutile de spéculer. Nous pouvions deviner que tu étais le fils de quelque jeune fille de haute naissance, peut-être une princesse, qui a jugé bon de t'abandonner pour des raisons connues d'elle seule.

Pas de discours mental, de spéculation ! Telle est l'attitude de la piété vraie. Les yeux du corps renseignent sur les faits qui sont indéniables. Le coeur tressaille et se réjouit. L'âme respecte le secret, le mystère comme venant du Ciel, sans émettre un seul jugement : « pour des raisons connues d'elle seule ». Telle est la sagesse, celle de l'acceptation et du silence, où la compréhension mentale reste au service de la vision divine, sans y toucher, sans la déformer. Elle en assure ainsi le bon cheminement dans la conscience des hommes et du monde.

La noblesse d'esprit de Râdhâ et d'Adhiratha ne sera de loin pas celle de tous ceux qui rencontreront Râdheya par la suite. Accueillir Dieu en soi-même et dans sa vie, respecter Son mystère inévitable et profond, demande en effet de la part de l'élu la discrétion totale de l'humilité, la force et la beauté de l'amour vrai ; en un mot, l'adoration de l'âme. Il faut pouvoir et vouloir le vivre ! Ne pas toucher à l'inconnu*. L'accepter dans la dignité du Silence. L'ego n'a rien à y ajouter.

*Nous possédions à présent un fils pour éclairer notre maison** ! Cela seul comptait.*

---

* Jean chap. 20 verset 17. Adhiratha et Râdhâ n'y touchent pas, en effet.

** Une présence bienheureuse dans la Maison, en soi-même.

Un avenir était soudain devant nous, précis, merveilleux, plein de promesse et de tendresse. Une croissance pour nous deux et pour toi, ensemble. Un devenir descendu du Ciel sur nous, comme un présent divin pour éclairer et guider notre existence. Et le reste n'avait plus aucune importance. L'Amour était entré dans notre maison, dans nos cœurs pour y allumer son Feu de Bonheur. « Cela seul comptait. » Le chemin de la terre avait trouvé son centre et son pôle qu'il ne perdrait plus jamais. Et ce centre, et ce pôle était Dieu, la Lumière étincelante de l'Etre et de Sa Réalité immortelle.

Puisque tu étais né avec une cotte de mailles et des boucles d'oreilles (en or), nous te nommâmes Vasushena.

Vasu désigne Dieu, en général, ou certains noms particuliers de Dieux. Ce qui caractérise dès le début les parents adoptifs de cet enfant mystérieux est leur piété, leur foi. Pas un instant, ils ne pensent à autre chose qu'à cela : il est né du Ciel, issu d'un Dieu ! Et leur comportement envers l'enfant aura dès lors et pour toujours la valeur et la beauté, l'exigence aussi d'une *sâdhanâ* : d'une discipline et d'une vérité qui conduisent au Divin. Ils seront le soutien humain de leur fils au nom de la Lumière immuable qui l'a fait naître. Ils grandiront en Esprit et en Vérité, humblement mais fermement, dans le secret du Devenir qui conduit chacun vers son destin.

Le corps du nouveau-né rayonne comme la joie qui l'accueille dans la maison du charretier. Dieu S'installe dans la demeure et veillera sur la croissance du bébé, de l'enfant puis du jeune homme, sans être contrarié par un esprit de possession chez les parents, sans être obscurci par leur vanité. La Liberté de l'âme règne qui obéit à l'Eternel et s'épanouit dans la Grâce du Très-Haut. Une attention pure et discrète, une obéissance naturelle et silencieuse feront de Karna et de ses modestes parents le parcours juste de sa gloire, en union avec le Divin (*yukta*). L'or des boucles d'oreilles comme de la cotte de mailles assure l'incorruptibilité de sa valeur. Il est l'adoration parfaite dans l'être entier, sa croissance divine dans le monde et dans les Cieux*.

Mais ton père t'a toujours appelé Râdheya. Très probablement, tu appartiens à un palais. Ton origine est seigneuriale. *Tu as vécu toutes ces années comme le fils d'un pauvre conducteur de char.*

Ton enfance s'est épanouie dans la dignité simple d'un travailleur, sur la terre. Ton père t'a rendu fort de sa propre force régulière et fidèle, paisible. Il t'a transmis son métier. Les bases de ta marche ici-bas sont désormais assurées en toi-même ; le socle d'un départ vers l'inconnu est devenu solide**. « Tu es

---

* Les sept chandeliers de l'Apocalypse : la création entière faite de l'Esprit de Dieu, de Sa Lumière étincelante sur chaque plan.

** Car la Vision divine ici-bas grandit de tout cela.

maintenant assez grand pour conduire un char », t'a dit ton père. Le char est l'homme aussi, avec tous ses atouts, le *yoga* de la vie qui doit s'orienter vers son authenticité.

Toute la richesse que nous pouvions te donner était celle de l'amour.

La meilleure et la plus grande, surtout vécue dans la simplicité d'une maison de travailleur et non point dans les fastes d'un palais. Râdhâ ne songe même pas à cela. Secrètement avertie par sa piété de la haute naissance de son fils, elle s'accuse peut-être de la pauvreté offerte à son enfance. Et pourtant ! « Parce que tu es pauvre, et que tu as peu de puissance ; parce que tu as gardé ma parole et que tu n'as pas renié mon nom, j'ai mis devant toi une porte ouverte, que nul ne peut fermer. » (Apocalypse chap. 3 : v. 8). La porte ouverte sur l'Inconnu de la découverte intime, où le monde entier s'éclaire de la Lumière de l'Esprit, du dedans de soi. « Celui qui croit en moi, des fleuves d'eau vive jailliront de son sein. » (Jean chap. 7 v. 38). Dieu révélé en l'homme et dans l'univers.

C'est à cause de ta naissance que tu ne veux pas être un conducteur de char.

Râdhâ possède la sagesse d'une mère et la lucidité de l'amour. Tu n'es pas de nous, dit son courage merveilleux. Tu n'es pas à nous et tu vas nous quitter, je le sais, pour t'en aller vers ton destin si éloigné du nôtre. En fait non ! Car le Destin de tous est unique et le même partout. Mais pour l'apparence de la terre, il est divisé, séparé, opposé même. C'est seulement lorsque le chemin a été parcouru jusqu'au bout que, dans le regard qui se retourne sur lui, tout est Un et tout est Dieu, également, l'Atman indivisible et sans second.

Râdhâ et Râdheya vont vivre à présent le douloureux déchirement de l'adieu.

Tu désires apprendre le tir à l'arc parce que tu es un Kshatriya, un guerrier, dont l'arme la plus noble et la plus difficile est l'arc avec ses flèches variées et innombrablement puissantes. Ton combat est celui des héros, ta victoire est celle d'un prince. *Je suis toujours certaine que tu es un Kshatriya*, invincible et glorieux dans les tournois de la terre et les luttes de l'âme. Ton But est la Grandeur des plus Hauts. Et Râdhâ sait que nul ne monte au delà du Divin. Elle sait aussi que son fils, né d'un Dieu, doit retourner à Lui, par les routes prévues que le ciel lui désignera.

La nature noble de Râdhâ, comme celle de Kuntî, devant la séparation douloureuse qu'elle accepte et assume, connaît les larmes de l'offrande : donner son fils, le déposer sur l'autel sacré de la Vérité. Non point pour qu'il y soit brûlé, victime de l'ignorance des hommes qui ne voient dans le sacrifice qu'un corps meurtri et du sang versé ! Non. L'amour et le don se situent bien au delà, dans la sagesse d'une intelligence pieuse qui remet entre les mains du Très Haut les rênes du cocher !

Avec des sanglots soulevant sa poitrine, Râdhâ dit : Va, mon fils. Tu n'es pas mon fils.

Cette petite phrase très simple contient toute la Vérité, toute la dévotion du monde !

« Avec des sanglots dans la voix » comme Kuntî au bord du fleuve qui emporte le berceau de son bébé. « Va mon fils ! » Que les Dieux te protègent et te guident ! Et puis, si humblement : « Tu n'es pas mon fils. » Tu ne m'appartiens pas. Seul mon amour te demeure à jamais. L'amour qui de toutes manières reste le chemin de la Vérité, en chacun.

Pars dans le monde et recherche ta mère. Lorsque tu la trouveras, le vœu de ta vie sera réalisé.

Râdhâ ne sait pas que le monde sera fermé au secret glorieux que Râdheya porte en lui. Que les hommes seront injustes et durs à son égard. Elle ignore que sa recherche sera difficile et douloureuse et que la rencontre avec sa mère sera tragique. Son fils bien-aimé est fort, il est beau. Il est invincible, car il est Dieu. Il ira jusqu'au bout de la Vérité. Ceci est indubitable ! Et son amour à elle, qui le pousse à s'éloigner et qui le portera partout, a raison. Il sera l'âme de son impitoyable et long combat, comme l'âme de Kuntî fut sa mère. L'âme qui se nourrit de la Lumière de l'Esprit.

Le vœu de ta vie sera réalisé.

Et son ambition humaine sera brisée ! Il sera prêt pour l'holocauste injuste qui le rendra au Soleil de l'Immortalité, au suprême triomphe de l'Incarnation.

Quant à moi, je suis reconnaissante à Dieu de m'avoir accordé un fils durant toutes ces années. Le souvenir de ces quelques années me gardera en vie dans les années à venir.

« Toutes ces années »... « ces quelques années »... « les années à venir ». « Un temps, des temps et la moitié d'un temps » (Apoc. chap. 12 verset 14). Un long bonheur. Un court bonheur. Dieu a donné, Dieu a repris. Béni soit Dieu ! « Ce souvenir me gardera en vie dans les années à venir. » L'amour vrai, pieusement vécu par l'offrande généreuse du cœur, de l'âme et de l'être entier, marque l'être du sceau indélébile de sa grâce. Quiconque a aimé réellement, pour l'autre et non pour soi-même ; quiconque s'est donné vraiment pour la Vérité de l'œuvre et sa beauté supérieure porte en soi la force et le rayonnement d'un trésor indélébile et inépuisable. Et la corbeille princière apportée par le Gange est devenue le joyau de l'âme où resplendira Dieu « dans les années à venir ». A jamais, car l'Atman est impérissable.

*En l'entendant, Râdheya fut bouleversé. Il pleura et ne voulait pas savoir de qui il était né. Râdhâ seule est sa mère bien-aimée et Adhiratha est son père**.

Il a seize ans. C'est encore presque un enfant. Peu lui importe le secret de sa naissance. Il aime ceux auprès desquels il a grandi, dont il s'est senti aimé. Plus tard, dans le tourbillon du monde où il avance « sans aucun ami », méconnu, méprisé, repoussé, il se souviendra toujours de sa mère, Râdhâ, car elle l'aimait. Il pleure et elle aussi. Mais ils s'en iront jusqu'au bout de la route scellée en eux par un même amour, car il conclut : *j'irai pour acquérir la Connaissance.* Il rencontrera sa mère, Kuntî, son père, Sûrya, ses frères, les Pândavas, après bien des luttes et des péripéties. Mais le but n'est pas là. Et, en fait, pour Râdha non plus. Il est la Connaissance de la Vérité, la maîtrise du tir à l'arc, la victoire sur les combats obscurs et tortueux de la terre. Ce grand champ de bataille, à **Kurukshetra**, dans **l'accomplissement du Dharma** où, enfin, il tombera, ne sera qu'une apparence illusoire. Car « il ne devait pas être tué », de l'aveu-même de ceux qui l'ont

* Le recul bien naturel devant l'offrande que la vie lui demande, l'oubli du passé, de soi-même, de son foyer, qui seul permet l'éclosion à venir.

abattu. Le Destin seul l'a vaincu ici-bas. Mais il avait conquis auparavant, par sa noblesse et sa droiture d'esprit absolue, l'Immortalité. « Les cieux faisaient pleuvoir des fleurs sur Râdheya et Indra. Un vent frais soufflait. La terre était humide de quelques gouttes de pluie. Elle souriait ! Indra disparut. Il avait privé Râdheya de sa vie et maintenant, il lui donnait l'Immortalité*. »

J'irai pour acquérir la Connaissance, celle des Dieux. *Je vais partir maintenant*, tout de suite, sans tarder. Il n'a déjà plus seize ans, mais bien davantage. La maturité de l'Esprit, lorsqu'elle vient sur nous, court vite. Car la vérité divine n'attend pas. Lorsqu'elle se manifeste à la conscience humaine, elle l'entraîne sans retard et sans lui laisser le temps de réfléchir ou de se retourner. Elle est là ! Et elle emporte son élu vers la Demeure infaillible de Sa Gloire.

Mais souviens-toi, mère, je reviendrai vers toi. Tu es ma mère et rien, rien ne peut t'enlever à moi, ni moi à toi.

Il ne reviendra pas. Cependant, même après avoir rencontré Kuntî et connu qu'elle est sa mère, qu'il se nomme en réalité Kaunteya , fils de Kuntî et non pas Râdheya, sa mère, la seule, celle qui l'a élevé et nourri dans sa tendresse, alors qu'il n'était qu'un

* Mahâbhârata chapitre 7, fin.

petit enfant, est bien Râdhâ, dont la réussite est dans le Ciel, où leur amour reste scellé, comme les pavés de la route qui ont soutenu tous ses pas dans l'univers.

Râdheya embrassa sa mère. Elle l'étreignit. Leurs larmes coulaient et se mêlaient sans cesse.

Le cœur des hommes pleure, mais au-dessus de sa tristesse se déploie le ciel de l'Immensité, où resplendit la Lumière, Sûrya, Père du Cosmos, Père des Dieux ; où règne la mansuétude de la Vérité. *Le seul but de Râdheya était la Connaissance.* Il l'ignore totalement encore et elle se révélera dans l'Aube radieuse qui viendra sur lui, quand tout sera devenu Un : l'Eternel-Absolu.

Dans ma chambre,
la petite coupe d'eau pure posée sur l'autel
est dédiée à toi.
Qu'elle soit le symbole de ma pensée,
la transparence de mon âme
qui ne veut irradier que toi seul !
Je veux vivre cachée dans ton amour.

Secrètement présente, muette
et drapée dans sa propre lumière,
*Mâtaji * est là*
qui m'attend.

A genoux, un instant très court,
je ne veux éprouver dans mon cœur
que la paix de l'adoration
et rien d'autre,
t'offrir cette journée
et la nuit qui viendra ensuite.
C'est toi qui les vivras et non point moi !

Qu'ainsi chacun de mes gestes,
chacune de mes paroles,
chacune de mes décisions
soient empreints de ta douceur
et de ta sérénité.

* Nom affectueux donné à Mâ Ananda Moyî par ses disciples.

Depuis toujours, ma maladie
c'est toi,
que tu t'approches
ou bien que tu t'éloignes.
Sois aussi mon remède,
ô Seigneur,
car ton amour me blesse
mais il peut me guérir.

Tu m'aimes.
La douleur est aussi la joie
et tu vis dans mon cœur.

C'est toi qui m'aideras à franchir
le dernier passage sans tomber.
Il m'attire, il cherche à capter mon regard,
je le savais déjà ;
le vent qui souffle entre les berges
murmure à mon oreille : viens !

Je veux être parfaitement simple,
comme la rosée
qui, dans la fraîcheur du matin,
naît sur les pétales des fleurs.

extrait de *Les Sentiers de l'Ame*

Lors d'une soirée, en avril 94,
Mâ Sûryânanda Lakshmî
commenta quelques paroles de Mâ Ananda Moyî
extraites du livre traduit et préfacé par Josette Herbert :
L'enseignement de Mâ Ananda Moyî.
(Albin Michel / Spiritualités Vivantes - poche)

En présence de Mâ Ananda Moyî

« *Aux pieds de Mâ, un voile tombe. Beaucoup de gens arrivent à se concentrer et à prier. Sa présence, son sourire, ses expressions sont à eux seuls tout un enseignement. La protection de Mâ se sent dès que l'on pense et agit d'une façon pure,* c'est-à-dire dépourvue d'intérêt personnel. *Les désirs purs, sans égoïsme, sans orgueil sont exaucés.* »

Mâ Ananda Moyî était sans aucun doute une incarnation divine, et elle n'est pas la seule au cours de ce vingtième siècle si barbare. Etonnamment, alors que plusieurs très grands sages ont vu le jour depuis Shrî Râmakrishna, en 1836, notre monde se conduit plus mal que jamais, avec beaucoup d'égoïsme, d'orgueil, de cruauté. Et pourtant Mâ pendant longtemps, puisqu'elle a vécu jusqu'à plus de quatre-vingts ans, était bel et bien une incarnation divine ici-bas, une Présence de la Mère. Elle-même est totalement au delà des apparences, au delà des dualités et elle accomplissait les plus humbles travaux. Elle a rendu les plus simples services dans son ménage et plus tard, longtemps, juqu'au moment où elle a été débordée par le public qui l'assaillait. Sa seule présence purifiait. Sa seule présence sanctifiait. Et comme le dit très justement Josette Herbert dans sa préface : « Sa protection était acquise à tous ceux qui agissaient sans aucun intérêt personnel, sans égoïsme et sans orgueil ». Et Mâ disait : « Qu'elle est belle l'œuvre sans ego ! » Je vais ajouter une chose : « Elle est **heureuse** l'oeuvre sans ego », sans aucun souci pour soi-même, sans aucune idée d'importance personnelle.

J'ai cherché pour vous, ce soir, dans le livre *L'enseignement de Mâ Ananda Moyî,* de toutes petites phrases que je veux lire avec vous.

*

Quelqu'un lui pose une question *: « Quel est le chemin le plus facile qui mène à Dieu ? »*

Et Mâ répond *: « Des larmes abondantes. »* Des larmes abondantes. Ne pleurer que pour Dieu.

La personne qui pose la question répond : *« Et si les larmes ne viennent pas ? »*

« Alors recherchez la compagnie de ceux qui versent des larmes c'est-à-dire de ceux qui font justement ce que nous faisons, satsang (une réunion, une assemblée pour se concentrer sur *Sat*, la vérité,

pour chanter la vérité). *Le chemin le plus facile pour aller à Dieu, c'est l'amour, la dévotion, l'adoration.* »

« Mon Seigneur et Mon Dieu, je T'aime. Mon Seigneur et mon Dieu, je T'aime. Mon Seigneur et Mon Dieu, je T'aime. » Le chemin le plus facile pour aller à Dieu, c'est l'amour, l'adoration. Puis je vais ajouter ceci : quand tout va bien apparemment, il faut chanter Dieu; mais quand on a mal, apparemment et intérieurement, il faut chanter Dieu davantage encore. Quand tout va bien, il faut chanter Dieu pour Le louer, mais on l'oublie souvent ! Quand tout va mal, on n'y pense pas non plus ou bien on L'accuse ! Et quand tout va mal intérieurement, qu'on est noué, coincé, malheureux, il faut chanter Dieu, il faut chanter Dieu, même sans y croire. **Ceci agit** toujours. Il vient en nous une force immense, une force indomptable. Répétez « Mon Seigneur et Mon Dieu, je T'aime » dans la maladie, dans la souffrance, dans les contrariétés, dans nos sécheresses intimes ! Les grands saints en parlent tous. Sainte Thérèse d'Avila raconte combien elle a souffert parfois d'être pareillement sèche et sans dévotion dans son cœur. « Mon Seigneur et Mon Dieu, je T'aime » : un point, c'est tout. Ce sont des larmes aussi !

D'ailleurs Mâ le dit :

« Votre présence ici, vos questions même sont des

larmes, c'est-à-dire une dévotion persévérante dans la quête de Dieu. Comment pouvez-vous dire que vous n'avez rien tiré de ces années de satsang *? Sans eux, vous ne seriez pas où vous êtes. »*

Aucun temps n'est jamais perdu, parce que quand nous oublions Dieu, Dieu, Lui, ne nous oublie pas. Et on croit parfois pleurer pour soi-même alors qu'en réalité on pleure pour Dieu. On pleure de ne pas être assez près de Lui, on pleure de ne pas assez Le comprendre. C'est quand même une nostalgie, c'est quand même une soif, c'est quand même une adoration. Alors je répète la question, et la réponse qui est très belle : « Quel est le chemin le plus facile qui mène à Dieu ? » Mâ répond : « Des larmes abondantes ».

Et puis j'aimerais rappeler aussi ce qu'elle a dit sur son lit de mort peu avant de s'en aller : « La vérité est de savoir que rien en fait ne s'est passé. » Elle parlait d'elle mais aussi de tout. « La vérité est de savoir que rien en fait ne s'est passé, ni naissance, ni mort, seule l'éternité qui s'est manifestée en toutes ces choses. » Ce sont des paroles en or et dont il faut se souvenir. C'était vrai pour elle, mais c'est vrai pour nous aussi. Nous sommes l'Eternel, nous sommes l'Infini, nous ne sommes rien d'autre. Pourquoi nous attarder à nos déboires, à nos histoires terrestres qui sont insignifiantes en regard de l'univers ? Dieu est là, il est en nous. Jésus l'a dit, le Bouddha l'a dit, Râmakrishna l'a dit, Swâmi Vivekânanda l'a dit, Mâ Ananda Moyî l'a dit, Shrî Aurobindo l'a dit, tous l'ont dit : « Dieu est en nous, et tout est vie. » La mort elle aussi s'accomplit dans l'éternité.

*

Un aveugle demande :

- Comment puis-je obtenir la vision de Dieu ?

S'imaginant qu'au fond, la vision intérieure doit venir de la vision extérieure. Mais comme il ne voit pas, il pose la question :

- S'il vous plaît, dites-moi quel est le chemin le plus facile pour rencontrer Dieu, pour voir Dieu ?

Mâ répond :

- Cherchez-Le pour Lui seul.

Aimez Dieu pour Dieu seul. Que de fois je répète cela aussi parce que j'en suis profondément imprégnée moi-même. Aimez Dieu pour Dieu seul et pas pour nous. Peu importe ce que nous sommes, l'essentiel c'est d'aimer Dieu et de grandir par là. Et jusqu'où l'on grandit, je ne peux pas vous le dire : c'est immense ! « Aimez Dieu pour Lui seul. »

L'aveugle répond :

- Quelle voie est la meilleure, celle de la dévotion ou celle de la connaissance ?

Au fond les deux, et ni l'une ni l'autre si vous voulez.

- Accrochez-vous au nom de Dieu, répond Mâ, répétez-le jour et nuit et laissez-le vous imprégner de sa douceur.

« Mon Seigneur et Mon Dieu, Mon Seigneur et Mon Dieu, Mon Seigneur et Mon Dieu, je T'aime ». Et les problèmes trouvent leurs solutions en nous. Et la douceur du Divin coule en nous, remplaçant l'amertume, remplaçant les regrets, remplaçant la souffrance. « Accrochez-vous au nom de Dieu, répétez-le jour et nuit, et laissez-le vous imprégner de sa douceur. »

- Lorsque j'avais encore l'usage de mes yeux ... - c'est émouvant comme discussion et loin de moi la pensée de critiquer. L'aveugle reste centré sur sa cécité alors que Mâ lui ouvre la porte toute grande, la porte où tout le monde voit. Comme il est dit dans l'Apocalypse (Sixième Lettre) : « J'ai mis devant toi une porte ouverte que nul ne peut fermer. » Une porte que seul Dieu ouvre et que l'homme ne peut pas fermer. « Parce que tu as peu de puissance, parce que tu as gardé la parole de la persévérance en moi, j'ai mis devant toi une porte ouverte que nul ne peut fermer. » (Apoc. chap. 3 versets 8 et 10)

- Lorsque j'avais encore l'usage de mes yeux, je lisais beaucoup. Maintenant c'est impossible. Comment pourrais-je comprendre ?

- Tournez-vous vers Dieu, et vous comprendrez.

Toutes les questions trouvent leurs réponses en Dieu. « Mon Seigneur et Mon Dieu, Mon Seigneur et mon Dieu, Mon Seigneur et Mon Dieu, Toi seul, Mon Seigneur et Mon Dieu, Mon Seigneur et Mon Dieu, je T'aime ». Toutes les questions que nous pouvons nous poser trouvent leurs solutions là. « Mon Seigneur et Mon Dieu, je T'aime. » La douceur du Divin qui coule en nous, qui entre en nous, ce que les Hindous appellent aussi la « douceur de Krishna dans le coeur ». Et Krishna c'est la pleine lune. Il faut regarder la pleine lune et l'adorer, se dire qu'elle est Krishna et qu'elle verse en nous le silence et la tendresse du Divin.

- *Donnez-moi votre bénédiction.*
- *Priez Dieu et vous sentirez Sa bénédiction.*

Priez Dieu et vous sentirez Sa bénédiction. C'est vrai. Dans les pires moments, on a la force de se taire, on a la force de ne pas réagir, on a la force d'accueillir ce qui vient, ce qui se passe. J'en ai connus comme vous tous. « Mon Seigneur et Mon Dieu, Toi seul. Mon Seigneur et Mon Dieu, Toi seul. » « Priez Dieu et vous sentirez Sa bénédiction. » Cherchez-Le pour Lui seul. Aller voir Mâ Ananda Moyî. On ne la voyait pas si ce n'était pas Dieu qu'on allait voir. Cherchez-Le pour Lui seul. « Accrochez-vous au nom de Dieu, répétez-le jour et nuit et laissez-le vous imprégner de sa douceur. » Les épreuves ne viennent pas de Dieu, elles viennent de la vie de la terre, elles viennent de nous, elles viennent des dualités. Dieu apporte la consolation. Dieu apporte le soutien, la force. « Tournez-vous vers Dieu, Il vous fera comprendre. »

*

Et maintenant une autre tonalité, parce que Mâ en possédait beaucoup.

Quelqu'un lui dit : *« Il faudrait faire ce qui plaît le plus à Dieu. »*

Mâ a une façon assez brusque de répondre :

« C'est ça, vous demandez à Dieu quelque chose et vous le recevez. »

Ecoutez ce qu'elle ajoute :

« Mais cela ne vous mène nulle part. Dieu est indivisible. Si vous voulez solliciter quelque chose de Dieu, que ce soit la réalisation totale » - c'est-à-dire voir Dieu en tout, dans la vie et dans la mort, dans la joie et dans la peine, dans l'agréable et le désagréable. Tout est un et tout est Dieu. Et la vie et la mort sont l'éternité ensemble. Et le bien et le mal sont la sainteté ensemble.

« C'est ça, vous demandez quelque chose à Dieu et vous le recevez, mais cela ne vous mène nulle part, vous n'apprenez rien. » Jésus dit cela aussi : « En vérité je vous le dis, ils reçoivent leur récompense » c'est-à-dire qu'ils n'apprennent rien du tout*. Or, nous devons apprendre pour aller plus

* Ev. selon St Matthieu chap. 6, versets 1, 2 et 5.

loin. Et pour apprendre, eh! bien il faut de temps en temps recevoir des coups, des coups intérieurs ou des coups extérieurs de la part de la vie qui nous contrarient, qui nous montrent où nous en sommes. Nous croyons que nous avons acquis une certaine stabilité, une certaine spiritualité, une certaine piété, et puis crac ! Les événements sont peut-être très durs, j'en connais qui le sont. Loin de moi l'idée de les minimiser. Mais c'est là qu'il faut voir si « ça tient ». « Mon Seigneur et Mon Dieu, je T'aime. » « Mon Seigneur et Mon Dieu, je n'en peux plus, je ne comprends plus, je ne peux plus avancer, mais je T'aime. » Le Seigneur vient, Il nous prend la main et nous conduit plus loin. Et ce plus loin, personne ne peut savoir où il est. C'est toujours tout autre chose que ce qu'on croit. On dit - je l'ai cru aussi moi-même - qu'avec la vie, avec l'âge, avec la spiritualité qui augmente, peu à peu les tâches terrestres tombent et diminuent. C'est exactement le contraire. J'avance en âge et j'ai toujours plus à faire sur le plan matériel, sur le plan humain. Et puis, chez vous tous, en France, en Suisse, en Allemagne, en Angleterre, en Hollande, en Amérique, au Canada, c'est pareil, un peu partout. Nul ne peut rien prévoir. La vie va comme elle veut, la vie va comme elle doit, la vie va comme Dieu le sait, pour nous conduire jusqu'où nous pouvons nous élever. Et nous mettons souvent beaucoup de temps à comprendre. Maintenant j'ai compris. Mais j'ai mis quand même un certain nombre d'années à comprendre pourquoi, alors que je faisais un bon travail dans mes conférences et mes voyages, avec mes auditeurs et amis, par la correspondance aussi, j'étais de plus en plus accablée par des travaux matériels aussi. Pourquoi dans la famille et ailleurs, au lieu d'avoir moins de tâches, j'en ai toujours davantage ? J'ai fini par comprendre, mais j'ai mis du temps aussi. Parce que l'univers et Dieu sont un seul et le même, et qu'il faut arriver à ne plus ressentir la moindre opposition entre l'œuvre dans le monde et la contemplation de l'âme. Le véritable *yogin* y parvient et le saint aussi. Mais Mâ recommandait ceci qui est infiniment sage : « Il faut faire ce que disent les saints mais il ne faut pas vouloir agir comme eux. » Ils sont le chemin, notre chemin, à chacun individuellement.

Rabindranath Tagore le dit si bien : « Seigneur par tes refus tu me combles toujours. » Le pain quotidien de l'oraison dominicale, c'est aussi parfois un refus. Le don d'aujourd'hui, le labeur d'aujourd'hui, le pain d'aujourd'hui c'est un refus pour nous permettre de grandir. Parce que, comme le dit très justement Mâ : « Vous recevez ce que vous demandez, mais vous n'apprenez rien. » Si vous voulez demander quelque chose à Dieu, il faut lui demander Dieu. « Mon Seigneur et Mon Dieu, Toi seul. Mon Seigneur et Mon Dieu, Toi seul. » Pour obtenir la réalisation de Cela qui est tout, l'Indivisible, vous devez fournir un effort ininterrompu. Pour connaître l'Absolu, la piété doit devenir absolue elle aussi, car tout est Un et tout est Dieu ! Le travail sur la terre et le travail dans le ciel sont Un, indissociables. Nous devons fournir un effort ininterrompu, toujours, toujours, toujours. Que signifie l'Illumination ? L'Illumination réelle, c'est la connaissance de Dieu. Tristesse et souffrance règnent là où il manque l'amour de Dieu. Quand on est malheureux il faut se dire ceci : tu n'aimes pas assez. Il faut aimer davantage. Souffrance et tristesse règnent là où manque l'amour de Dieu. Car dans l'amour qui s'oublie pour l'autre et qui se donne à Dieu, le cheminement de l'existence s'allège. Il devient doux et beau, serein et bienfaisant.

*

Et puis maintenant quelque chose de très réjouissant. « *Les rapports de Mâ avec le ciel, la terre, l'eau, le soleil, les étoiles sont différents des nôtres et témoignent d'une compréhension ou plutôt d'un amour cosmique différents des nôtres. Pour elle, la nature n'est pas comme pour nous une autre vie. C'est la même qui prend ses racines dans le Soi. La distinction entre nature et esprit s'annule dans le Soi où Mâ vit.* »

Tout est Un, tout est Dieu. L'âme est le corps. Le corps est l'âme. Ils sont indivisibles, inséparables. L'âme sans le corps ne serait pas ici-bas, le corps sans l'âme ne serait pas non plus ici-bas. L'univers et Dieu sont Un. Nous devons apprendre à voir les choses dans leur plénitude, dans leur unité et non pas dans leur apparente division. Nous ne sommes pas séparés de Dieu, mais nous pensons que nous sommes éloignés de Lui. Nous ne sommes pas séparés les uns des autres, car nous demeurons tous ensemble, toujours. Et quand l'un ou l'autre d'entre nous a besoin d'une aide, il peut la trouver en pensant à quelqu'un en qui il a confiance et qu'il aime. Il la recevra. Tout est Lumière aussi. Adorer le soleil, quand il se lève le matin, donne une très grande force. Adorer la lune, le soir ou lorsqu'elle est pleine la nuit, donne une très grande force. Saluer le jour, saluer les étoiles, saluer la terre, la verdure, la nature qui renaît, nous transmet une très grande force et l'on sent très bien ainsi que tout est Esprit et que tout est Dieu. Car le soleil est Sûrya, le créateur et l'illuminateur. La lune est Sûrya-Pushan, le soleil intérieur, l'adoration secrète. La pleine-lune est Hari Krishna. Les étoiles ce sont les Dieux dans le firmament. La terre, la nature, la verdure, tout est la vie de l'Esprit. De même l'homme est la vie de l'Esprit. Tout est un, tout est Dieu : « les sept étoiles qui sont les sept Esprits de Dieu dans la main droite du Seigneur ». (Apoc. chap. I, versets 16 et 20)

Je vous relis ce passage qui est très joliment écrit dans la préface de Josette Herbert : « Les rapports de Mâ avec le ciel, la terre, l'eau, le soleil, les étoiles sont différents des nôtres et témoignent d'une compréhension ou plutôt d'un amour cosmique différents des nôtres. » Aimer le soleil, aimer la lune, aimer les étoiles, aimer la terre, aimer les fleurs, aimer les arbres, aimer la verdure, aimer les pierres, parce que les pierres vivent aussi. Mâ aimait le cosmos et l'humanité, le visible et l'Invisible d'un Amour illimité, selon son nom lui-même : *moy* qui veut dire **tout-pénétrant**. Pour elle, la nature n'est pas une autre vie, elle est la même, qui prend ses racines dans le Soi unique. La distinction entre nature et esprit s'annule dans le Soi où Mâ vit. Elle a dit de son vivant : « J'étais la même, je suis la même, je serai la même. » Elle est donc l'Immortalité.

*

- Comment savons nous que l'on renaît après la mort ? Dès que le corps cesse de respirer, nous mourrons, comment peut-on dire que nous renaissons ?

Mâ : Cela c'est l'ignorance. Pourquoi chercher si loin ? Personne ne sait de quoi sera faite l'heure qui vient. Et pourtant la connaissance existe. Ceux qui ont percé le voile de l'ignorance vous parlent de l'Atman éternel.

L'âme est éternelle, immortelle, la Lumière d'où tout procède, en qui tout grandit et à qui tout retourne. Et nous sommes tous l'Atman unique : le monde entier, le passé, le présent comme l'avenir. Personne ne meurt, car l'Ame vit en nous comme Elle vit en ceux qui nous ont quittés. Le *Rishi*, celui qui a vu le Vrai, sait que la vie est éternelle et que la mort n'est qu'un passage à autre chose. Il faut apprendre à accepter tout ce qui nous arrive de douloureux, de difficile aussi, en nous disant : « Tout est Dieu. C'est Dieu qui est, c'est Dieu qui sait, c'est Dieu qui fait. » Tout ce qu'Il fait, Mâ le disait souvent, est pour notre bien : « **Bhagavan fait tout pour notre bien, tout**. » Il est l'Amour, Il est la Lumière, Il est la Vérité, Il est l'Immortalité, Il est la Douceur, Il est la Plénitude, Il est la Félicité, le Grand Poète de l'existence.

Quand on demandait à Mâ qui sortait d'un long *samâdhi*, ce qui s'était passé en elle, elle répondait : « Seulement la félicité ». Vous allez me dire : « Oh! mais nous, nous en sommes loin de la félicité ! » Ce n'est pas vrai. Ne dites pas, ne dites jamais : « Nous sommes loin de la félicité. » Car elle est là, elle est en nous, elle nous **attend**. Elle attend quoi ? Elle attend notre abandon pour se manifester. « Mon Seigneur et Mon Dieu, je me donne à toi. » « Mon Seigneur et Mon Dieu, je t'appartiens à toi seul et j'appartiens par conséquent à l'univers entier et à l'humanité entière. » « Mon Seigneur et Mon Dieu, je t'aime, je t'appartiens, à toi, je me donne à toi, je vis pour toi, c'est toi qui sais et c'est toi qui feras. Moi, je ne suis que l'instrument que tu voudras bien employer d'une manière ou d'une autre ».

Seulement, la félicité. La félicité de l'amour de Dieu, la félicité de l'amour des hommes, la félicité de l'oubli de soi, la félicité du travail fait avec ses mains, avec son intelligence, avec son coeur, avec son âme et avec son esprit, de l'effort remis pas à pas « au seul maître de la moisson », pour parler comme Jésus, « au seul maître de la vigne ».

« Priez Dieu et vous recevrez Sa bénédiction. » Il faut le croire tout simplement. Il faut le croire et il faut le mettre en pratique. Les plus belles théories du monde, les plus beaux enseignements ne sont rien si nous ne les **vivons** pas. **Seule la pratique apporte ce qui est promis dans les Textes**. Priez sans cesse ! La réponse vient alors de Dieu, la bonne réponse, et l'œuvre s'accomplit comme le chant de Sa Grâce.

Notre Père qui es aux Cieux,
que Ton nom soit sanctifié,
que Ton règne vienne,
que Ta volonté soit faite
sur la terre comme au ciel.

Donne-nous aujourd'hui notre pain
quotidien.
Pardonne-nous nos fautes
comme nous les pardonnons
à ceux qui nous ont offensés.
Ne nous laisse pas tomber dans la tentation
mais délivre-nous du mal.
Car c'est à Toi qu'appartiennent
le règne, la puissance et la gloire,
aux siècles des siècles.

Seigneur merci !
Seigneur merci !
Seigneur merci !
Seigneur garde-nous des cœurs
reconnaissants en Jésus-Christ !

Gloire à Dieu, au plus haut des cieux
et paix sur la terre parmi les
hommes en tous lieux.
Gloire à Dieu, au plus haut des cieux
et paix sur la terre parmi les
hommes en tous lieux.

Seigneur, bénis tous Tes enfants.
Seigneur, bénis tous Tes enfants.
Prends pitié des hommes, prends pitié des peuples.
Que Ta Miséricorde et Ta Grâce,
Ta Sagesse et Ton Amour,
Ta Lumière et Ta Vérité
descendent dans tous les cœurs !

Mon Seigneur et mon Dieu,
Mon Seigneur et mon Dieu,
Béni soit Ton nom,
Béni soit Ton nom,
à jamais.

Amen.

Table des matières

Du même auteur

Quelques aspects d'une Sâdhanâ
Editions Albin Michel, Paris, 1963, réédition 1987

Les Sentiers de l'âme
Diffusion Payot, Lausanne, 1974, réédition 1988

Qui est Dieu ?
Brochure pour les enfants, chez l'auteur, 1975

Exégèse spirituelle de la Bible, Apocalypse de Jean
A la Baconnière, Neuchâtel, Suisse, 1975

Journal Spirituel
A la Baconnière, Neuchâtel, Suisse, 1978

L'Ascension de Jésus-Christ
A la Baconnière, Neuchâtel, Suisse, 1979, réédition 1986

Foi Chrétienne et Spiritualité Hindoue, Tome I
Chez l'auteur, 1981, réédition 1988

Le Voilier rouge, poème scénique,
suivi de Les Vitraux du Saint Portique
Chez l'auteur, 1984

Six Poèmes de Shrî Aurobindo,
traduits et commentés par Mâ
Chez l'auteur, 1985

Foi Chrétienne et Spiritualité Hindoue, Tome II
Chez l'auteur, 1989

Notes Biographiques
Chez l'auteur, 1991

Les cahiers de Mâ
Chez l'auteur, 1994

Le Yoga de la Princesse Kuntî
A la Baconnière, Neuchâtel, Suisse, 1995

Editions TERRE DU CIEL

collection « rebelle »

- Christiane SINGER
  DU BON USAGE DES CRISES

- Jacques CASTERMANE
  GARÇON ! ... UN VALIUM
  ET DEUX ASPIRINES

- Frère JEAN
  J'AI SOIF D'UNE EAU DE VIE

- Pierre RABHI
  LE RECOURS A LA TERRE

- Mâ SÛRYÂNANDA LAKSHMÎ
  (Noutte Genton-Sunier)
  UNE OFFRANDE DE NOUS-MÊME

autres collections

- Alain et Evelyne CHEVILLAT
  MOINES DU DESERT D'EGYPTE

- Pierre-Marc ANTHONIOZ
  PAROLES DE PIERRES

- Collectif
  FLEURS DU DESERT

- Jean BIES
  UN VOYAGE EN INDE

- Taisen DESHIMARU
  AUTOBIOGRAPHIE D'UN MOINE ZEN

« TERRE DU CIEL »

Invitation à un changement

revue bimestrielle - 100 pages - format 21x29,7 - 40 FF

Témoignages et partages sur l'expérience spirituelle dans les grandes traditions, et sur la dimension du Sacré vécue au cœur du quotidien.

Invitation à une transformation personnelle et à un changement social pour une plus grande intégration de la dimension verticale de l'homme.

Présentation de projets novateurs et d'actions audacieuses - modèles et inspirations pour un changement. Un futur « autrement » en formation : une invitation à y participer.

Collaborateurs réguliers :

Yvan Amar, Jean Biès, Jacques Castermane, Marie-Magdeleine Davy, Arnaud Desjardins, Frère Jean, Bernard Leblanc-Halmos, Jean-Yves Leloup, Jacqueline Kelen, Mâ Sûryânanda Lakshmî (Noutte Genton-Sunier), Pierre Rabhi, Christiane Singer ...

Vente en librairie (réseaux Procure, FNAC, ALEF ...)
Abonnement : 380 FF (480 FF étranger) / 12 numéros.

«Votre revue m'a profondément touché, non seulement par la qualité des textes présentés mais aussi par sa très grande beauté. Ouf ! Merci de nous donner une vraie revue de spiritualité. Nous en avons besoin. »

Lama Tcheuky

« Sans nul doute votre revue correspond à une exigence et à une attente de nombre de nos contemporains, et je lui trouve une qualité de contenu et de « contenant » (notamment au plan photographique) largement supérieure à d'autres réalisations ayant les mêmes prétentions. »

Père Christian Delorme

« Je demeure un admirateur de votre revue qui réussit à se maintenir au même niveau d'exigence, de tolérance, et dans laquelle les photos sont toutes un témoignage de la qualité qui manque au monde moderne. »

Arnaud Desjardins

En prolongement de la revue, TERRE DU CIEL *propose un certain nombre de services et d'activités.*

VENTE PAR CORRESPONDANCE

Diffusion d'un choix de livres, vidéos, musiques sur les thèmes : spiritualité, traditions, art de vivre. Catalogue sur demande.

FORUM « VIVRE LE SACRE »

Grande manifestation annuelle de *Rencontres et d'échanges*. Le 3ème forum, sur le thème « Du bon usage des crises » et présidé par Christiane Singer, a réuni pendant trois jours, en octobre 94, mille personnes au Palais des Congrès de Lyon. Forum 95 à Lyon, les 28-29-30 octobre.

STAGES

TERRE DU CIEL organise des stages avec les plus grands intervenants. Avec, aujourd'hui, trois spécialités :

- les stages-retraites dans des lieux très isolés.
- l'Université Holistique d'été de Chaumont - qui accueille chaque année plus de 700 personnes.
- les stages au cœur du désert - le cadre du désert apportant une dimension supplémentaire et quelque chose que l'expé-ri-ence a révélé être inoubliable.

VOYAGES

Pour découvrir d'autres Arts de Vivre, et faire véritablement l'expérience de la relativité des choix de notre société en se confrontant à d'autres cultures.

Spécialité des voyages en Inde et Égypte chrétienne, et des méharées contemplatives dans le désert.

Achevé d'imprimer en juin 1995
par l'imprimerie DELTA - Chassieu

Dépôt légal : Juin 1995
ISBN 2-908933-06-3